U0931935

讀者意見表

衷心多謝你購買本社書籍。本社一直致力以出版事工服事教會，幫助信徒扎根於神的話語，促進靈命增長。為使我們的出版更能滿足你的需要，請填寫下列各項資料，並寄回或傳真予本社。

所購書籍：____________________

本書最吸引你的地方：

□作者　□適切性　□文筆　□設計　□實用性

□其他：____________________

購買本書地點：

□基道書樓　□基督教書店　□非基督教書店

性別：□男　□女　職業：____________________

信仰：□基督徒　□非基督徒

年齡：□ 16 歲或以下　□ 17～25 歲　□ 26～35 歲

□ 36～55 歲　□ 56 歲或以上

學歷：□中三或以下　□中五　□預科

□大學　□研究院

□我欲更多了解基道出版社的事工及考慮支持，請寄給我下列資料：

□機構簡介　□新書資料　□基道會員通訊

□《基道文字事工通訊》

姓名：____________________電話：____________________

地址：____________________

____

傳真：____________________電子郵件：____________________

其他意見：____________________

____

多謝賜教！

意見表可以傳真（2687-0281）或直接郵寄以下地址：
香港沙田火炭坳背灣街26號富騰工業中心1011室
基道出版社編輯部收

靈修著作精選

寧靜源

給你的退修指引

希芙 著／石彩燕 譯

基道出版社

▼

靈修著作精選

寧靜源

給你的退修指引

Soul Space

Making a Retreat in the Christian Tradition

作者

希芙 (Margaret Silf)

翻譯

石彩燕

責任編輯

何敏璇

裝幀設計

莫可雅

■

出版／發行

基道出版社

香港沙田火炭坳背灣街26號富騰工業中心1011室

LOGOS PUBLISHERS LTD.

Unit 1011, Fo Tan Ind. Centre, 26 Au Pui Wan St., Shatin, Hong Kong

電話：(852) 2687-0331　傳真：(852) 2687-0281

網址：http://www.logos.com.hk

承印

海洋印務有限公司

●

7/2005初版

Cat. No. LP619

ISBN 962-457-287-9

Original Edition "Soul Space: Making a Retreat in the Christian Tradition"

Published by Society for Promoting Christian Knowledge

Translated and printed by permission of Society for Promoting Christian knowledge, Holy Trinity Church, Marylebone Road, London NW1 4DU

目錄

為何要退修？

「退修」一詞不是使人想起就怦然心動，期盼那日來到，就是聞者色變，聽到馬上拔腳飛跑。這詞使某些人想起學生時代或愛或恨的退修，有些人認為神職人員才會想到要退修，這詞也促使人渴望心靈深處能有空間、時間和寧靜。絕大多數人初次想到退修，會想到一連串問題，例如「那會是怎樣的？」、「我怎知不會被人洗腦？」等等，就害怕起來。稍微實際知道退修是甚麼、退修是怎樣進行的，很能鼓勵人踏上退修的第一步。所以「基督教知識普及協會」(Society for Promoting Christian Knowledge, 簡稱 SPCK) 邀請我在本書稍微探討該過程；盼望在談到某些問題時，帶出各種不同形式的退修，讓讀者知道可以期望退修帶給他們甚麼。

大多數人都會退修、以某種形式在人生泰半時光退隱。一位疲憊的母親偷偷溜到浴室，索性坐在上鎖的浴室內，安靜不受打擾五分鐘。一位精疲力竭的公車司機在黃昏帶狗到公園散步。一個女孩反復感受在學校遇到的一個問題，不想給兄弟姊妹找到，就獨自躲在閣樓的祕密小房片時。他們都短暫退隱；我們可從這深入需要空間和平安的天性，開始留心「退修」是甚麼，我們去退修時又想要甚麼。

退修是甚麼？

甚麼能使尋常的時間化為恩典，能更新、挑戰和改變我們的方向？以下特色可給我們一些線索：

- 退修是把時間「分別出來」。我們短暫退出日常的活動。可以是真的去了另一個地方，或者完全改變我們平日生活身處的環境，無論在甚麼地方，都是要製造「心靈空間」。
- 與日常生活的正常「噪音」對比，我們分別時間出來享受寧靜。我們可從關掉收音機或電視開始，但經過實踐後，也學著有技巧地關掉往往在腦裏繼續發出的噪音。我們在外可以安靜，但要用一段時間才能停止內心常有的「忙碌」。在更深的安靜裏，我們開始在內心——自我的底層瞥見所發生的一切，那裏又浮現最深的感受、最高的遠象。
- 在這些安靜時刻，我們的焦點變了。我們逐漸放鬆身體，也放下對生活的焦慮，就有空間給更大的世界。我們來到安靜，觀點角度就擴大了，看到自己是更大整體之一，恢復信心就有力量與平安。
- 這個更闊的觀點、更平衡的想法帶我們回到日常生活的要求裏。我們浸沉到心靈的更深處，會發現每天的肉搏戰，純粹掙扎求存，是無法看到解決辦法和新方向的。

無論退修的人是否說自己在做「屬靈」的事，退修總是一次屬靈經驗，常使我們靠近存在的核心——在那裏實在接觸到上帝。

是逃避還是退修？

可惜，許多基督徒也接受那些稍微在字眼上改頭換面的傳統觀點：「不要再造夢了，做些實際的事吧。」兒童天生會找時間和空間「活」，父母卻干擾他們；他們或許在內心世界以玩耍來反抗。我們在玩耍時可「存在」，只管享受活動，不必製造或成就任何事物，不必受壓去「作事」。不過，年事愈長，我們就愈發失去嬉戲的心，若不花每分鐘去製造有實質成果的東西，就會有罪疚感。

因此，我們成年後想去退修時，就會質疑自己的動機，懷疑自己其實是否想逃避生活的要求。假使我們不懷疑自己，別人也會來質詢。因此有人想花時間深入探討目前的人生時，會感到局促不安。我們是要逃避目前的問題，還是轉向新的解決方法？為甚麼許多人去退修，不會告訴同事去哪兒，要作甚麼？為甚麼有人會擔心家人說甚麼而退縮呢？我們「退修」真是要逃避嗎？

或許我們反省日常生活裏許多幾乎不曾留意的小「退隱」，就會發現答案。壓力最初的確迫使我們暫時離開日常的工作。我們離開去找寧靜的空間，一旦發現了，看到裏頭有的寶藏，就明白值得為之退隱。

或許我們可稱那「寶藏」為進深觀點、新發現的平衡，幫助我們更有創意地回到日常生活裏。而且有一個新焦點，從一「己」延伸至「別人」。暫時離開或能助我們曉得怎樣面對那位難相處的同事、更懂得向家人表達感受、或有實際方法與人一起掙扎，塑造更公平的社會。無論是在退修場地長時間安靜，還是在忙碌日子幾分鐘安靜反省，這些在看法和態度上細微、但異常重要的轉變，都是在退隱中最常出現的。

追求「啟迪」

聖經記載耶穌活著最重要之處，是常「退去」獨自與父神交往；也在安靜的山頭上長時間等候，分辨前面的路，作重大抉擇。光是這榜樣足以鼓勵稱為祂兒女的我們跟隨。

神祕主義者、所有信仰傳統及和其他有興趣的人，都追求我們今天稱之為啟迪的。對於我們要在這世界實際生活，以上所提的似乎有點浮誇、「脫離現實」，與我們無關。然而，「啟迪」正如太陽升起，每早晨喚醒我們起牀；讓我們看到正往哪裏去、自己是誰，給我們無形的力量繼續生活。

一次在地中海一個島上度假，一個早晨我特別生動地遇到這種生活「啟迪」。那時大約早上六時，不過時間不重要。我正度假，就把手錶擱在一旁，埋在所有我以為需要、其實是不必的「必需品」下。沒有手錶，我更在意大自然的節奏。我惰性強，不願起牀，升起的太陽比我更有決心抗拒睡眠。中午的太陽強迫人午睡，黃昏拉長的影子，奏起晚上的音樂，放出較冷的能量。附近沙漠晚上絕對漆黑，向混雜的生活滲入一份寧靜。

那提醒我：在退修時，我改變了對時間的看法，改變世界的時間表為自然循環的黎明、日間、黃昏和黑暗，可以醫治和恢復人心。

所以我每早開始等候睡房窗外，山巔上出現最小黃光的一刻。彷彿有隻聖手點起火柴，擦出火光給以後要來的世代。跟著，日光總是如潮水，逐漸流下山坡，淹蓋山谷，為這世界帶來新的一天。

我感到人類總必希奇、摒息靜氣地凝視第一度日光降臨。在每個時代、每個文化均用各種語言，透過無數不同的傳說，重複述說光明來到的故事。人長期專心追求自己以外的東西，其實是每天都出現的神蹟。

我想起地中海這次日出，就想不到有比這次更簡單、更強表達啟迪的方式——有意期待迎接黎明，讓賜生命的能量流進地上生命的每一個缺口。

無論我們用甚麼形式退修，都是在生活裏尋找這種啟迪。我們象徵性地攀到山巔之處，暫時擱置每天的掛慮，讓神重新降臨到自己裏面，照明心思更深的隱密處，讓祂進來同在，我們與祂相遇後，就回到每天生活的平原與山谷。

當然，「啟迪」不是倚賴荒蕪的山巔和地中海的日出，也不是用複雜或昂貴的方法，花時間抽離日常工作，反省怎樣在生活運用神的能力。我盼望本書使人看到可走開，到一個空間去，無論時間多短暫，或許用你以前沒有想過的方法，為神騰出時間。

每次我們拉起睡房的窗簾，看到外面新的一天，就會有「啟迪」。其實我們每逢用點時間、以神的眼光凝視世界，就會有領受。這樣做，光在一天就會有很多次的驚喜。例如我們凝視睡著的小孩；留意所愛的人均勻的呼吸聲；發現水落管的蜘蛛網，降霜後變成網眼花邊；留意玫瑰花瓣上一滴露珠。它們都接觸到我們的「心靈空間」——心靈深處的空間，是神以之為家之處，以上都是「退修」的時刻。像我早上遇見日出，這些時刻可以說明進入「退修」本質上是甚麼：

- 我們「離開自己」，讓大自然用自己的語言向我們的心說話。我們不能製造它們，只能經歷它們。
- 它們帶我們「離開時間」。可以說我們進入一個無形的世界，時間不再驅趕我們。
- 它們以自然的節奏流動，也吸引我們進入那些節奏；我們本活在競爭的壓力下，現在可能感到渾然忘我。
- 它們使我們有力。我們可能較難形容怎樣得力，但感到實在有力。我們在「心靈空間」歇息了，帶著更新了的活力回來，或許有更深睿見看到事物的核心。我在度假時看到從山坡流下平原的「日光潮」，反映我們花時間安靜與神在一起時，祂會在我們身上放出能力，也帶來「新一天」。它流進我們生命的山谷，改變我們看事物的方式、使新事物有可能發生，開出新的路徑和觀點。

這些都是「退修」的特別之處，無論你在一個安靜地點用半小時安靜，或用數天甚至數月隱居在退修場所安靜，都是退修。通常時間彷彿凝固了，讓永恆有點空間顯露自己。我們生活的節奏開始與光明黑暗、活動休息的自然節奏結連起來。我們不必知道這是怎樣作成的，但在過程中找到力量；回到日常生活，就比從前更有深度地過活。

本書是要提出某些方法，使人能成功退修，提出一些「花時間」的方式，讓人經驗存在更深的根源。這包括在與世隔絕環境的傳統退修，和愈來愈能在日常生活中進入「心靈空間」的方法。所有方式都是要進到綠洲去，若我們能在忙碌中較長時間「暫停」錄影事物，抽身離開，就能到達總為我們預備的活水井。

使用本書

如果你想退修，盼望本書在幾方面鼓勵你：

- 助你找到適合個人處境的退修。本書第一部分談到不同人及不同的生活方式，並建議怎樣的退修適合他們。你最好瀏覽我所描述的不同「概況」，並反省哪一個建議較吸引你。每個「概況」都與第四部分中小百科相關的條目(以粗體字印排)互相參考，第四部分詳述某種退修或預備退修的某方面。
- 嘗試談到人最普遍提到的退修問題，並誠實回答。第二部分談到「難以啟齒的問題」。
- 第三部分建議用某些方法預備，使你充分利用退修的時間，又使你回家後能延續那個經驗。
- 提供指南，使你知道不同退修的方式會達到甚麼不同的果效，又明白退修界一些術語是甚麼意思。第四部分以小百科的形式出現，按英文字母次序排列條目。這些條目是用粗體字印排，與本書其他部分互相參照的。
- 第五部分列出不同人參加各類退修後的心聲。

本書旨在探討發掘「心靈空間」的方法，無論你只能騰空半天，或一次過用數週的時間來退隱。我們提議的退修方法不會使你破產或與家人不和；本書同時提到在退修場所傳統的退修方式。

無論你要找尋哪一種退修方式，都會在退修聯會 (Retreat Association) 找到很寶貴的朋友或盟友，你可在本書末找到他們的地址。他們每年都會列出在英國主要的退修聚會，並形容那裏提供的設施。那本雜誌稱為《退修》(*Retreats*)，於每年秋季出版，在大部分的基督教書室有售，你也可直接聯絡退修聯會的職員，他們也樂於透過電話親自建議你怎樣作。

感謝各方好友

……感謝許多幫助塑造本書的人。

我要特別多謝希斯考克 (Kerry Hiscock) 非常寶貴的睿見，她尋找問題和評語，耐性無倦地一再重讀我的初稿，感謝「退修聯會」的蓮恩 (Paddy Lane)，她鼓勵支持，又大方地提供資料和建議；謝謝蓋尼 (Breda Gainey)、休斯 (Gerry Hughes) 和伊文思 (Michael Ivens) 不吝嗇地閱讀並評論我的初稿。感謝友好地貢獻第五部分親身感受的人：阿什頓 (Ann Ashton)、布思 (Teresa Booth)、蓋尼、格里菲思 (Mary Griffiths)、希斯考克、霍林斯 (Beverley Hollins)、孟勵成 (Dorothy Millichamp)、明略行 (Rosemary Millward) 和奧蘭 (Deborah Oram)，謝謝我在「基督教知識普及協會」幾位同事，尤其是馬什 (Liz Marsh)，她邀請我寫這本書，並一直鼓勵我，也多謝紹爾 (Claire Sauer) 為我編輯，她所作的很有意思。

我無法感謝許許多多為退修作出貢獻，使我們今天多有機會退修的人。不過，我要為自己特別謝謝耶穌會的朋友休斯和伊文思 (他們兩位在英國開創羅耀拉式退修，又使這方式在英國發展，使平信徒能在日常生活操練)。並感謝與他們同工的克里維 (Fintan Creaven)、麥洛利 (Brian McClorry)、積臣 (Damian Jackson)、麥卡利 (Tom McGuinness) 和尼哥遜 (Paul Nicholson)，他們均陪伴我多次退修。

謝謝許多在我們退修時播下禱告種籽的人，我們收到果子的感謝你們，又感謝神。

第 1 部分
由現狀開始

這部分描述了幾個具體的情況，反映退修者按著不同需要和期望，在退修中發掘「心靈的空間」，從「試一試」開始，可能只是利用一天或一個週末，看看是否合適；或走到一個與世隔絕的地方作較長時間的退修。找出最貼近你心目中的形式，來分辨甚麼最符合你的需要。

出現在第四部分小百科中的條目，在內文中以粗體字印排。

限於四堵牆內？

我們的文化十分看重「自由」，許多人卻困在自己的小天地裏，真的教人驚訝。感到被困有時只是不方便，我們間或因此感到生活累壞人。

例如，一位單親人士與學齡前的年幼子女在家裏。「外出」對她們來說，是帶兒女上學、在超級市場內四處找他們。偶然有一小時與朋友喝杯咖啡，一同看管孩子。「純粹」與成人一起的時間實在難得。

很多實在「軟禁」在家裏的人都有類似以上所說的情況。以下又是幾個例子：

- 照顧生病或年老的親友。
- 生病或康復中，不能獨自外出。
- 無論甚麼原因，怕冒險獨自外出。
- 想在屬靈方面「成長」，但伴侶或直系親屬不贊成，甚至全然反對。

在日常生活退修

這些人相信：期望去「退修」是異想天開。但事實必定如此嗎？退修在近年十分流行，愈來愈多人聽到各種退修方法，但很多人由於有上列問題，就認為退修是不可能的。不過，人有需要才會發明東西；不少人由於個人或經濟原因，寸步不能離家，於是許多有心人願意為他們提供「退修經驗」。

日常生活的退修，是特別撥出一週或數週的時間，每天用點時間禱告，又去見一位有經驗的同伴，一般稱為**禱**

告同伴／禱告指導的；當事人每天與這個禱告同伴見面半小時(在一星期的密集式退修裏)，在較長或更多空間的退修則可每星期見一至兩次面。除了撥時間出來禱告，花時間與同伴傾談外，就不干擾日常的工作。只需支付車馬費去見同伴，代價是最小的。在某些情況下，如果你不能出門，同伴可來造訪你。

在任何一種日常生活的退修裏，退修同伴會建議你：在下次見面前，要專心禱告甚麼。他或她只是陪伴你，不會説服你走另一條路線，或影響你怎樣做；你才是天路客，當自行選擇該怎樣走路。同伴只是聆聽，反映你已分享的，説明你旅程發展出來的路線。

人通常在當地教會過日常生活的退修，但愈來愈多安排在工作場所或院校舉行。如果你屬於一間教會，可先找神父或牧師，看看現在有甚麼設施可用作日常生活的退修。假使沒有，或許可説服對方考慮安排一個。否則，可去接觸現在愈來愈多的**屬靈網絡**(參考本書末所列的地址)的代表，他們會安排你去聯絡當地的設施。

「公開」退修

聖母避靜修女會(The Cenacle Sisters)雖然見人活在受限制的處境裏，但不願否定任何可能性，就確立了「公開退修」的獨特異象，為人提供「神聖空間」。「**公開退修**」的模式比較有結構，並安排參加者在本地日常生活退修，當事人只須用幾週的時間在當地參加一個短時間的聚會。彼此**分享信仰聚會**，讓你探索心路歷程裏最重要的問題，又有同伴聽你傾訴，助你分辨上帝正在你生命哪裏活動，又感到祂現在要帶你到哪裏去。

羅耀拉 (St. Ignatius Loyola) 確立了很多靈修觀念，**為個人而設的退修**正是基於他的原則進行。有關方面特別訓練了專人引導人作公開退修。在反省經文和獨自禱告的框架下，人有空間探索自己的問題。

退修通常需時九週，結束後你肯定會發現自己接觸到許多同走天路的人，比你開始時想像的更多。很多人感到參加了公開退修後，開始了新一天，在生活裏與神同行，會較少感到寂寞。

「閉門」退修

倘若你不幸被囚禁了，不必說不可能退修。本地屬靈網絡愈來愈多在皇家監獄提供日常生活的退修。退修指導安排每隔一段時間，都來探訪囚犯一次，指導員與退修者會單對單會面，正如一般人的日常生活退修那樣。

如果你有興趣在這樣的環境退修，先告訴監獄牧師；或發現本地有人願意接觸監獄處安排退修的，就聯絡監獄外的基督徒朋友，看看是否可找到任何資料。

在監獄的環境同樣可以安排分享信仰小組。

日常生活的屬靈操練

人要很大委身，才能完全實行羅耀拉的操練，但你若準備用幾個月時間持久地深入禱告，就會有非常豐富的收穫。羅耀拉看到人未必每次都能抽離日常工作數週，就建議人大約用九個月時間，在日常生活工作裏採用(實在運用)他的屬靈操練。在羅耀拉談到屬靈操練的書中，一系列附加註解的第十九項描述這練習，後人就稱之為「第十九項附加說明」。

本書第四部分會詳盡描述這些練習(參**羅耀拉的屬靈操練**和**日常生活的屬靈操練**)。第十九項附加說明要求人每天禱告(通常大約一小時)，大約每兩週一次見有經驗的同伴。他或她是以聖經默想引導退修人士，但不必退修者脫離日常工作，比住在退修場所做全部操練便宜得多。

長期的屬靈同伴

你若不喜歡跟一個特定程序、有內容的退修，但希望有個屬靈同伴或**靈友**，退修聯會樂於安排你認識一位曾陪伴人禱告及在靈裏探索的當地人，與你分享心路歷程。該會給你一個當地人的聯絡方法(可能各方的天路客會接觸這個人)去接觸。你可照著心意，自由選擇是否跟所建議的去做。

屬靈網絡

國內外有不少所謂**屬靈網絡**。組織裏的人追求類似的屬靈旅程，他們是某地區裏互相認識的人，定時聚集分享想法與靈感。通常其中一位組員會負責把大家最新的通訊地址記下。有些網絡會按既定內容安排聚會，有些則完全沒有結構，這在乎小組屬甚麼類型。

例如：

- 在英國主要地區的羅耀拉屬靈網絡(參聯絡地址那章)。他們讓喜歡羅耀拉式操練的人互相接觸。有些網絡訓練人有基本的聆聽技巧，陪伴想有同伴的人禱告，又為當地人提供日常生活的退修。
- **基督生活團** (Christian Life Community; CLC) 也根據羅耀拉的靈修法。它是國際性組織，有廣泛的網絡，小組由二至十二人左右，定期聚會分享彼此的靈程。中央提供非常好的材料和指引，每個小組可自行決定怎樣聚會，又以甚麼材料為焦點。這是耶穌會會士促成的組織，該會的神父現在協助每個地區的工作。基督生活團是普世教會性的，歡迎所有想更深親近神、又喜歡羅耀拉路線的人參加。
- 「第三修道會」指沒有過修道生活，卻喜歡某個屬靈操練法(例如聖衣會或方濟會)，又活躍於所屬母會的一羣人。他們願意過相稱的生活，通常有發願，是在日常生活、家庭和工作裏作修會一分子。他們一起定期聚會禱告，用自己選擇的方式鼓勵和支持成長。
- **茱利安聚會**，是諾域治的茱利安 (Dame Julian of Norwich) 促成的靜默禱告小組。他們定期聚集，一同安靜默觀禱告，小組通常六至十五人，在私人住宅、教會或附屬禮堂聚會。本書第四部分詳盡談到小組和聚會的特質，並其他參加靜默禱告的方法。你若想與志同道合的人定期靜默禱告，可聯絡茱利安聚會或其他靜默禱告小組。

寂寞，但你會用電腦？

你若「要留在軍營，不准外出」，或被工作崗位束縛、辦公室又沒有同事可與你談到屬靈的事，就可登入稱為「神聖空間」的網頁：

http://www.jesuit.ie./prayer。

這是愛爾蘭耶穌會士製作的網址，讓網民每天皆可得到極好、有新鮮感的默想，熒光幕上的資料引導你當天默想，讓你在網上有很多空間親近神。

或許你「獨自在家」，嬰孩睡了或孩子正在看電視，才能抓住幾分鐘親近神。你或受制於公司的辦公桌，羨慕人家「有時間禱告」。無論你在甚麼處境，若能登上互聯網，就會發現它很能陪伴你上路。負責人定期更新網頁，每天均有新的建議和睿見，讓你在任何時間私下運用。

你也可利用電郵與其他天路客聯繫。不過，隨意上互聯網與陌生人「通信」，尤其談到與神同行深入而重要的事情時，總要萬二分小心。

《法版》(*The Tablet*) 和一些基督教期刊常評論某些有趣的網址，也許你會有興趣探索的。

藉著錄影帶體驗

在獨自禱告時，可運用一系列錄影帶幫助進深。去規模較大的宗教書局走一趟，你會發現坊間有許多東西很能激勵人。例如英國廣播公司 (BBC) 與聖經公會 (Bible Society) 合作，推出了一套佳作，那原是電視台在復活節期間推出、一系列八輯的電視節目，名為「精神病院的故事」(*Tales from the Madhouse*)，現在改製成錄影帶出售，讓個人或小組使用。每個節目都是一個長達十五分鐘的戲劇，深入看與第一個復活節有關的人物，富有挑戰性，又十分動人，超乎聖經表面所記述的。錄影帶還附送註解，又建議小組怎樣討論或默想，也可作為個人默想之用。

以家庭為基地的小組

你會逐漸想到，請朋友回家，一同分享大家的靈程，可以幫助驅除孤獨的感覺。**分享信仰聚會**是許多人珍惜的「退修時間」，很多人正是倚賴這種私下網絡繼續存活的。

要在家裏製造真正的退修時間，你要確定所有組員都同意分享的基本守則。最好使這樣的小組純粹「聆聽」；無論組員想分享甚麼，讓人人都有機會分享、其他人則要尊重：安靜聆聽。你們可以燃點一根蠟燭，或製造某個焦點讓大家集中精神。不應討論人家所分享的，更不應為之爭論，也不應「糾正」人家的觀點，或嘗試解決對方的問題。這是分享，不是治療時間。討論小組、禱告小組和查經小組都非常寶貴，但不在本書討論範圍之內；與在安靜中分享，接納而不加以論斷的神聖空間，是兩碼子事。許多人在這樣的小組裏，第一次感到有人真誠親切地聆聽，就是這樣的處境使家庭小組的時間化為退修。

自主的退修

人愈來愈想去退修，坊間就出現許多書，為讀者提供有程序的禱告旅程，讓人在自己家裏，以自己的步伐來進行。這類書一般提議你有個禱告主題或焦點，輔以聖經經文，有時又會列出詩歌，或建議你做某些實際活動。

這些書能好好引導你在家裏退修，本書末列出其中一些書可供參考。你若可向同伴反映禱告怎樣影響你，感到神在生命那裏工作，就會從這類退修得益最多。

你若不能確定是否適宜長時間退修(無論是在日常生活，還是住在退修場所)，可嘗試用大約一週時間運用這類書，就會看出在人生現階段，集中一段時間，請人指導怎樣禱告是否對你有益。

對整個理念沒有把握？

決定去退修可以是很大、甚至是嚇人的一步。各類問題會浮現，我們在第二部分會談到其中一些難題。人家要我作甚麼呢？我能面對安靜嗎？我會禱告嗎？還有許多諸如此類的問題。

你若從未去過退修，正如來到水前，你會先伸腳趾入水，先感受一下，然後才決定是否跳下去，好的計劃是緩慢進行的。你若懷疑是否要用幾天去退修，我可以告訴你，不是只有你才那樣想！許多人正設法退修，有不少方法可幫助你找出沒有威脅性、但適合你的方式。

寧靜日

你要進行較長退修之前，何不先安靜一天呢？《退修》列出許多退修中心，他們常安排**寧靜日**，通常由有經驗的人帶領，分享「心路歷程」的想法，或怎樣實際禱告反省。他們這樣做不是「教導」人，而是建議可怎樣集中精神，更深安靜，接觸到內裏存在的基礎、上帝的住處。這若對你無益，就不必理會它了，只管跟隨內心的感動。像這樣的一天退修，沒有甚麼是強迫性的。

除了介紹當天的主題，那位負責人也會開放自己，讓有興趣的人私下找他或她傾談。

那一天主要是讓你有時間安靜、禱告、反省、默想和活著。通常屋子裏會有足夠空間讓人散開，各人找到合意的地方，獨自一人平靜下來。只要你讓別人也有空間和安靜，就可隨意利用你的時間。

那天可能有一段時間一同禱告或敬拜，大概是個正式崇拜，或許還有聖餐。當然你仍可照著自己心意參加與否。

順道走訪

順道走訪不像寧靜日那樣正規。許多退修中心開放院舍，讓人在指定日子「順道走訪」，時間長短不限。你若正尋找安靜，就會在這類中心找到綠洲，沒有人會打擾你，或問你來幹甚麼。若這正是你要的，他們會讓你獨自找尋空間。不過，你若想與人傾談，只要提出來便行。我們的城鎮愈來愈多人在購物期間或下班後，想有大約一小時休息反省，就會到這種「順道走訪中心」。中心歡迎「走訪」的人隨時加入正進行的禱告或崇拜。

不少人在日常生活找時間空間安靜。因此愈來愈多教會，尤其是自由教會傳統的，開放教會建築物作順道走訪中心，作為人安靜的空間。你不妨出去逛逛，看看有沒有這樣的機會，《退修》也有詳細列出這些地方。

寧靜園

近年出現寧靜園運動，讓人享受、默觀一個美麗園子的平靜。最初有人願意在某些日子開放自己的園子，讓人在其中安靜和反省，就出現**寧靜園**。之後有人設立寧靜園信託基金，創立、支持這異象，並提供國內外願意這樣接待人的一系列園子。

他們的異象是開發園子讓人禱告：讓訪客獨自安靜，他們欣賞園子的大自然美態，可能也學到默觀式禱告。

在寧靜園反省，開始時一般(三十至四十五分鐘)是有人教導或講解主題，之後是喝奶茶咖啡。早上第二部分讓人安靜禱告或活動，諸如閱讀、散步、繪畫、寫作或純粹安靜。中午時會有段簡短禱告時間，跟著是「一起分享自備午餐」。

下午有時間休息，或再在靜中反省，大會在黃昏時以禱告結束，你可喝茶，與其他參加者傾談。你若想與人個別交談，當天總有人願意聆聽你的。

在街上退修

對很多人來說，尤其那些為了公義和平積極行動的，騰出一天「放下一切」來安靜，聽起來像「逃避主義者」(我盼望本書能說服你那不是實情)。退修可主動與我們城鎮中被邊緣化的人徹底認同。

我們可在某些鎮作「街上退修」；有許多人不是選擇，而是真有需要住在街上；我們整天走在街上，就體會他們真正的需要和感受。

我們可用很多形式這樣退修，但開始時一般是一同禱告，參與普世教會的敬拜，一起吃一頓簡單早餐，之後入城，口袋裏只有很少錢(一般少於一英鎊)，整天就用這點錢來充飢，明知不夠錢吃一頓便飯，就會更深曉得在街上流浪是甚麼滋味。參加者可隨意花那一天，也可抓緊機會與遇見的無家可歸、失業、精神病患者或癮君子交談。這只是讓人瞥見露宿街上的殘酷現實，然而參加者會深受感動及挑戰的。

那天結束時，所有參加者通常會再聚集一起，分享當天的睿見和感受，這次經驗常驅使人起來解除露宿者所受的痛苦。

「週末出外」

許多人惟有在週末為自己活著，又不致影響一家共度的假期。

我們幾乎有無限機會在週末短暫退修。你去瀏覽《退修》，就會看到所提供的，從有主題的週末，到在修道院獨自安靜都有。

你可在週五晚上到主日下午，離開家人，參加**有主題的退修**，完全在退修中心食宿，享受兩天兩晚。以下有三類週末：

- 集中特別主題或內在旅程的某方面，例如「凱爾特人的靈修」、「尋求神的旨意」或爭取公義和平的各方面。
- 為某類羣體的人提供空間，例如為喪親者、失婚人士或同性戀者提供一個週末，讓他們在安全環境裏探索自己的需要及感受。有些中心尤其為有特別需要的人提供週末，例如為失聰人士，又會用手語進行聚會。

- 為興趣相同、追求特別活動的人提供週末，包括繪畫、刺繡、書法、圍圈跳集體舞等等。當然也可用較長時間在虔誠的環境裏進行。

你若想這兩天有空間安靜，不必聽人教導，又不必與其他人交往，就可能想去修道院，很多這類修道中心歡迎訪客短期或在週末到訪，並款待他們；他們若很有感動，也可參加修院的禱告。除了每天七次禱告外，沒有人會指導你怎樣過週末，你完全可隨自己需要花那些時間。不過，你若想與人談話，幾乎可以肯定，總會有人願意聆聽你的。

「初次退修」

現在有好幾個退修場地提供稱為「**初次退修**」的。通常比六或八天的傳統形式為短，但會更多幫助參加者，例如探索新的禱告形式，或助你安排那天，使你能充分利用退修的時間。你若要靜默退修，大概會發現「初次退修」不是絕對沉默的。或許可與退修的負責人談話，甚至與其他參加者傾談，每次大約只有數小時體驗深入的寧靜。

《退修》詳細描述每年許多有關機構提供的初次退修。你若想尋找類似的東西，只管瀏覽《退修》，看看有甚麼吸引你。你若想更多了解某個退修的詳情，別猶疑，只管致電向該退修中心查問，他們歡迎你查詢、並願意隨時幫助你。

初次退修的內容除了有人教導怎樣禱告、或你想嘗試的新禱告方法外，一般類似第四部分**為個人而設的退修**所描述的。可能有人會指導你用工藝品或黏土幫助禱告，也可能與小撮退修人士交流經驗。

自助週末和寧靜日

你若參加了分享信仰小組或屬靈網絡，我幾乎可肯定說，你會想為自己安排寧靜日或週末。你可在《退修》找到一些詳情，哪些退修中心歡迎人使用他們的設施，按自己的方式安排那個週末。退修中心通常會要求你捐點錢，僅用來彌補開支。他們差不多都會提供咖啡奶茶，有個地方讓你與人「一起分享自備午餐」，或安排提供湯與三文治、或一頓午餐。

小組一位成員最好先去中心探路，看看泊車及食宿情況，先與中心負責人建立關係。

你若喜歡自己獨自安靜，就沒有甚麼阻止你在自己家裏或園子提供一天給別人了。

渴望空間與寧靜？

記得有一次在英國北部一個退修中心寧靜日遇到某人，下午時她告訴我，超過二十年了，她才是首次獨自在靜中花上差不多一小時。過去周圍總是丈夫、兒女或同事的喧嚷聲，結果她發現自己在寧靜日如同在天堂，有空間停頓，觀察人生的狀況和焦點。

比起從前，今天有更多更多人渴望這種空間，但教人希奇，只有很少人得著寧靜。你可能想用點時間反省空間、獨處、寧靜等字眼對你有何意義？你深處若有聲音呼喊要有這些東西，大概是在想：離開家庭和工作，去某退修中心或修院作較長時間的退修有多大可能。你若這樣渴想，還有幾種形式可供選擇的。以下問題可助你確定甚麼最適合你：

- 你想每天有個同伴或指導與你傾談片刻，分享禱告的情況嗎？還是想完全一個人呢？
- 你想自行安排食物，還是想退修場地為你安排呢？
- 你寧願簡樸，還是溫暖、舒適和獨處對你更重要？
- 你想單獨一個人，還是與一組人同行，即使是在靜默之中？

較長時間安靜的退修，主要可總結為以下數類：

- **為個人而設的退修**，也稱為個別引導的退修，簡寫是IGR。
- 在退修中心沒有人引導地退修。
- 你想退修，就有一段時間獨自一人。

在乎你選擇甚麼退修中心，第一、二個選擇不是完全住宿，就是自備食物的，第三個一般是退修者自備食物的。

為個人而設的退修是怎樣的？

你決定投入，報名參加通常六至八天較長的退修。你是為了甚麼參加這種退修呢？

用一星期禱告真的很長。你大概想花點時間準備，第三部分為你提供這方面的指引。我們現在假設那天已來到，你正往退修場地的途中。

泰半退修場地鼓勵退修人士約在中午時到達，好在傍晚退修正式開始前安頓下來。你到達時會有人歡迎你，好像朋友熱情款待你，不像酒店那樣淡淡然接待。場地有一位同工或家屬會來迎接你、問候你，並帶你去到房間，他們大概還會奉上茶，讓你歇息一下，或帶你逛逛整個院舍。你可能像第一次上學時，見到「宏偉的校舍」，擔心一旦離開了房間，就會迷路。我可以保證，一天後你定會感到賓至如歸，你若感到有需要，只管去問，沒有人會介意你求助的。

你在房間裏或外面的告示板會看到場地的時間表，或任何使你感到自在釋然的消息。如果你參加有引導的退修，時間表不過是三餐的時間和何時會有集體敬拜。其餘時間隨你意思使用。要記得事事都可選擇，你不是入了退修場地的門就立了永誓！你是用自己的方法朝見神，場地的日常程序是幫助你達到目標的。你可以自由進出，喜歡的時候參加崇拜。他們只要求你每天在表格上表示明天會吃多少餐，免得廚房不知道你不吃某餐而浪費食物。有些退修場地會要求你，吃完某天三餐後做點清潔；這樣有助減低機構的開支，也稍微服事了一同退修的人。你若喜歡活動筋骨，樂意做點園藝，有關方面大概不會推卻你的好意。

退修的第一天晚上，當時若有一羣人同時退修，當局大概會在開始安靜前招聚你們，讓你們稍微互相認識，也認識那位陪伴你們的人。通常一位**退修指導／退修導師**會在那星期陪伴五至六位參加者；他或她在第一晚會為你們五、六位安排一個簡短聚會：有時一同安靜禱告、互相認識、又安排與你們每天見面的時間。你若是初次退修，指導會特別關照，使你感到安然。那星期若出現深入的靈性問題，或有實際問題，你都要先去找指導。他或她會盡力解決問題，確保你不受打擾，能專心安靜。

來到這裏，我要指出你的指導也會定期見「監督」，分享在聆聽退修人士心聲時遇到的問題。指導與**監督**見面，純粹談到怎樣引導你，在任何情況下都不會洩露你向他或她所傾訴的事。他們找監督，其實也是要保留一個空間，想知道陪伴別人禱告的同時，神要他們學習甚麼。

我不能太強調，在有聲譽的退修場地裏，指導都能嚴謹地為退修人士保守祕密。

通常第一個聚會完了，大約在第一天晚上的八、九點，就開始安靜。由那時開始，當局會要求你在跟著的六至八天裏，在屋裏或花園保持安靜。這不是勉強你，也不是甚麼「規矩」，而是退修人士彼此恩待。退修的安靜經常使人接觸到自己更深部分及生命問題。假使有人打擾這份寧靜，「騷擾」別人，就打擾別人親近神的過程了。

現在你獨自安靜，可照著自己意願過那幾天。固定的三餐、崇拜和每天見指導，有助於充分利用那天，但你還是會詫異地發現，起初很難好好計劃怎樣運用時間。不過，你若問指導，他或她會樂於引導你如何找到休息、禱告和調劑身心(例如散步)三者之間的平衡；嘗試為這些東西製造空間吧。退修是去休息，你若感到疲倦，不必怕躺下睡覺！神能有效地在你或醒或睡時(甚至更有效)，向你的心說話。你願意的話，也可以計劃禱告的時間。指導可能建議你把禱告時段融入一天裏，幫助你決定：每當想禱告時，要多久進行一次，每次又要有多長時間。與神親近當然不限於深思熟慮的禱告，你現在大概做每件事，都感到更深進入神裏面。享受那份平安及空間吧。好好品嘗你所吃的，善用周圍的鄉村，利用感官來更意識到周圍的一切。在退修裏，你真的有時間「站著凝視」，觸摸、品嘗和感受。充分利用它吧。你會驚訝所留意到的每件事情，神也等著以某種方式在萬事中歡迎你。

你或許會為見指導而有所疑慮。你可參考本書第二部分，那裏有一般人常提出的問題。我在這兒只須告訴你，指導只是陪伴你、作為朋友聆聽你，完全與你同在。惟有聖靈能引導你。他或她只特許作旁觀者，向你反映似乎深深觸動你的事物，助你分辨神在你禱告和生命裏要作甚麼。每天見面通常不會超過半小時。那是個敞開的空間，你可盡情分享，或有所保留地透露。你若帶著筆記簿，每天都寫下想與指導分享的東西，然後才與對方見面，就會得著最大益處。是指導負責控制時間，但請記得他或她每天要陪伴好幾個人，所以不要在臨結束前兩分鐘才帶出最重要的問題。

指導通常會按著你所分享的，最後建議你在翌日集中甚麼方向禱告。他或她一般會提出一段經文，或認為能幫助你的資料，例如一首詩、一幅圖畫，或某種禱告操練。這不是說你必須跟隨對方所提議的。每位指導都會說明：你應跟隨心中聖靈的感動，不是盲從他們的提議，他們只是想幫助你繼續向前。

安靜地進餐不會如你憂慮般有問題。許多時飯堂三餐都播出溫柔的背景音樂，飯桌上大家是友善、合作及同在地保持寧靜。你會驚訝不用說話可以溝通許多心意，也許彼此開始更親切地注意對方，效果比你相信可以達到的更甚。整個場地都瀰漫著寧靜，每個人都用微笑和動作來溝通，幫助人更曉得留意、不是忽略別人的需要。

在退修的日子裏，你大概會發現自己休息、運動和禱告的節奏，也會在這特別時刻開始看到神怎樣與你相遇。無論你禱告反省時有甚麼事發生，讓神作主吧。日後你會發現有些退修是靈性高峯，使你得著睿見和新方向；有些則是溫柔的安靜時間，只是靜靜地與神同在；有些是挑戰、甚至是痛苦地成長。在所有事情裏信任神，把自己交託祂，任祂帶領吧。

經過整整六或八天，最後一個退修早晨的早餐打破了沉靜。經過多天安靜後，你或會感到別人在早餐桌上喋喋不休十分打擾，或會歡迎這作為退修場地與回家過正常生活之間的橋梁。你或許不想離開，或樂於離開那裏回到世界。無論你有甚麼感受，惟有日後出現果子，才能反映聖靈在這些集中禱告的日子，在你心裏播下了甚麼。

你在回家的路上，尤其是駕車時要小心。從完全寧靜突然進入緊張的城市交通，會產生少許不快。改變了心境後，你或許不像平常那樣能敏銳地反應；因此，起初要給自己許多空間，慢慢地駕駛。你回到家裏，會發現慢慢調節來適應是較好的，倘若可能，在跟著的日子裏給自己一些空間和安靜。生活裏再爆出收音機和電視的聲浪，可刺激你的神經，所以慢慢接受吧。

選擇退修地點

瀏覽一下《退修》，你會看到有多少選擇；當然，裏面不會包羅所有的退修中心。你若想住在退修中心，要怎樣選擇場地呢？

我在以下列出幾方面的考慮：

完全住宿還是自備食物？

你預算用多少錢，就決定去哪裏。自備食物一般比完全食宿便宜。兩種方法各有好處。你自備食物更能控制時間，甚至在三餐的時間內也不受其他退修人士騷擾。另一方面，你可能想暫時不必打理食物。人通常不是在較大退修場所，而是在鄉村小屋或附屬建築物自備食物的。你在這種處境會有更強的隔離感；可能這正是你想要的，也可能有壓迫感。這在乎你是甚麼性格，獨自一人是否感到安然。

簡樸還是豪華？

這也是花費的問題。多半退修地方是要提供優質、健康的飲食，從「簡單」到「教人十分滿意」的都有。多數人不會期望退修場所像艘豪華郵輪。泰半退修中心在靠近退修人士睡房的小廚房裏，日日夜夜都有提供咖啡奶茶的設施。有些較大的退修中心提升了整套膳宿服務。或許你正尋找這類舒適的獨處地方，並願意為此付出金錢；或者寧願要較基本的膳宿。

退修人士通常覺得退修場所的氣氛，比房間的大小或素質重要。那兒若與寄宿學校不同，散發出歡迎、叫人感到溫暖的氣氛，就會使他們感到賓至如歸。

選擇退修場所時，花園或附近的景色也很重要。大半退修場所都有花園，有助於安靜反省。有些則座落在美麗的風景區、山林之中，或在海邊。這種環境對你來說若是重要，而你又要從退修場所步行到附近的風景區的話(不必走許多路，又不必駕車去)，就尋找這類場地吧。你若找這種可散步的場地，別忘了帶運動鞋。

有引導還是獨個兒？

本部分已描述有引導退修的一般過程。有些人寧願退修時沒有指導在身邊。不過，你若是初次退修，我建議你最好有個指導。你若不想每天見面，他或她也不會強迫你。但你若完全隔離，就沒有選擇餘地了。你心裏若浮起複雜問題，或不幸感到孤寂，指導當下很能支援你。你若需要他們或想與他們分享，他們會像已在身邊的朋友，但又不會入侵你的空間。

不過，你有時感到最需要的，是完全獨自的安靜，就要找吻合這種需要的退修場地。《退修》會說明可在甚麼場所做這種退修。

靜默或不太安靜？

有些廣告指明：入住退修場地，參加為個人而設的退修，參加者多半是在靜默中退修的。不過，是有不同程度的寧靜！有些退修場所能保持安靜，你不能在書本或小冊子找到這類資料。你若需要整個退修都真正寧靜，就應請教曾到不同退修場地的人。

人對寧靜有不同反應。有些人感到有壓迫感，下次會選擇較合羣的；有些人則感到那種寧靜使他們有如身處天堂，於是年復一年再到訪那些場所。

一般來説退修場所若完全為安靜退修而設，會比較寧靜。場地若有其他事情進行，例如同時有人舉辦課程，雖然當局會要求參加者尊重退修人士正在安靜，還是無可避免地會有點聲浪。在最好的場地裏，即使有課程與退修同時進行，只要廚房為退修人士另外安排三餐的時間，氣氛還是十分寧靜的。

尋找同心的人作伴？

許多人認為退修是在安靜的環境，與其他人一起集中精神朝向神，並在主裏成長。或許正是這焦點，把「屬靈假期」和真正的退修分別出來。假期的焦點十分合理地是在於製造假期的人；在退修中，人要更深入分辨神正在自己人生哪兒工作，就會以神作為焦點。

不是人人都會用深入安靜和獨自反省來分辨神的心意。所以坊間出現各類退修，邀請天路客在「分別出來的地方」，更主動地與其他人一起退修和分享。這種退修通常稱為**有主題的退修**，有不同的情況和長短。最普遍的有主題退修包括：

- 教導或指引人反省一個特別題目。
- 召聚有特別需要、處境或困難的人，為他們提供空間，通常由一位受訓導師帶動分享經驗。
- 參加者選擇一個活動，當局就提供虔誠的空間和時間。

典型的例子包括：

- 以公義和平、凱爾特人靈修、東正教靈修、升天節、秋收感恩節或大齋期等主題，或任何有關靈程的退修。由於退修會負責人會有固定時間教導，所以有時人也稱它為「有教導的退修」。不過，千萬不要因這名稱而反感。負責人若敏銳恰當地帶領退修，你就不會感到「被教導」(一天一至兩次，每次不多於一小時)，而是刺激你用某個思路去反省。
- 為年輕人、面臨人生抉擇的中年人、退休人士、離婚或分居的提供退修。
- 以諸如書法、刺繡、圍圈跳集體舞、瑜伽、香薰治療、醫術、繪畫、説故事、音樂、戲劇、詩歌、創意寫作或寫日記等活動來退修，或教導特殊技巧，例如**九柱圖退修** (Enneagram) 或**邁布二氏類型指標** (Myers Briggs Type Indicator)。人愈來愈喜歡「步行退修」，當局鼓勵參加者有創意地用禱告的心享受鄉郊(或城市風光)。

「有主題的退修」是怎樣的？

目前有不同類型的有主題退修。不過，基本上都有探索的主題或活動，然後你私下靜靜反省、消遣或只是休息，享受平靜的時間；與其他參加者一起是聯誼。有時可能與負責人私下交談；你若認為這很重要，就要在事前查詢對方是否願意。

「活動退修」通常來者不拒，也不會假設你已有某項知識或能力。例如，很多人說「不懂繪畫」或「寫作」等等，卻十分享受不必要「成就」甚麼，只是運用創意來探索自己隱藏的深處。與類似自己的人一同探索某些東西，是這類退修最大的好處，很能刺激人成長。有時更可建立維繫一生之久的友誼。

為一羣一同來的人提供退修

許多時一羣已互相熟悉的人——來自同一間教會、是鄰居，現在一同在小組裏禱告，或從事相同工作的一羣同事——現在作為一個小組，一起來退修。

這樣的退修一般會有主題，集中在組員共同生活和追求的某方面。正如一個家庭計劃一起度假，小組也會計劃退修事宜，考慮各人的期望。其實有人稱這種退修為「教會假期」，不過他們有實在的屬靈焦點，所以我們也可看它為真正的退修。

我們首先看稱為「週末離開」的教會。教會的人事前決定去那兒、到了那裏會作甚麼，已邀請羣體以外的人帶領週末的反省和禱告，也考慮到參加者的年齡和需要；然後訂了場地——或許是鄉村裏的一間屋、海邊酒店、或正式的退修中心。

有段時間一同離開教會，可以堅固及豐富參與的人。

有時在退修時產生的親密關係，超乎羣體或教會生活的正常交往。在羣體裏一起生活，一同探索信仰歷程某些方面，會使人成長，並催化人之後成立小組，又推動整個羣體改變。

羣體退修通常像一般有主題退修所描述的：會一同崇拜及禱告、或許由外人教導某個題目，一同消閒，又有些聯誼時間。

你若正計劃這類羣體退修，就要考慮以下事情：

- **有多少人有興趣參加？**你在訂場地前要頗確定參加人數，這意味著參加者要有若干程度的委身。這樣才可決定每人需付多少錢，要付多少訂金，要住宿多少天。
- **退修為了甚麼人而設？**例如，是為一羣有相同目標的人而設（譬如一個禱告小組），還是向更大羣體的成員開放（譬如一間教會）？你怎樣供應後者所有年齡階段的需要呢？例如，退修會開放給年輕夫婦，就要有人負責照顧兒童，好好領導兒童與少年的活動，也須預備材料給「成年人」。你要記得，倘若可行，那管只是每次一小時，成年人會想不必照顧孩子，有點時間自己退修；所以你要計劃請人帶領一些小朋友活動。若要請人照顧嬰孩幼童，也要事前小心預備。請「外人」負責可以十分昂貴，但幼兒的父母會願意輪流負責照顧彼此的孩子。
- **要有甚麼焦點呢？**選擇反省主題時，要記得找一個能向所有人說話的。對一個禱告小組或在同一環境裏工作的同事來說，這不困難。一間教會從新生嬰兒到百歲人瑞都有，各人又有不同才幹，要找到正確的焦點、又物色到敏銳於不同會眾需要的講員，很考驗人的能耐。卻值得我們為此努力。

- **要怎樣平衡一起崇拜、研讀或反省、消遣呢？**事前好好咨詢想去退修的人，先取得共識，早早草擬計劃。羣體若包括各種年齡的人，一般做法是安排每個下午都有自由時間，讓他們隨意享受那段時間，又最少安排一個晚上讓大家即興娛樂一番，可能只是播一套電影，或讓會友天才表演，都是好的。各種年齡的人就能真正享受特別在「一起」的時間了。
- **節省開支：**要使最窮的會員也能支付費用。許多退修場所和基督教酒店願意接待嚴格理財的羣體，並協助盡力節省開支；請有車的幫助接送其他參加者、或計劃在淡季退修，都可減少開支。
- **為退修的主要事件和時段錄影**，包括一同崇拜的情況，使無法參與的人也能得益，也幫助參加者能繼續反省。

毫無疑問，為包括各種年齡的人安排羣體退修是件難事，但成效十分有意思。一起退修後，人回到自己的羣體或教會，一再感到有新力量、敏銳目光和熱誠，如漣漪般越過羣體本身散發出去。在這些退修撒下的種籽，日後推動更大羣體成長。

為一個問題掙扎？

我們多半人在人生某階段與某些困難搏鬥，感到精疲力竭、又無助，需要「解決方法」。

不過，退修不是去找「解決方法」。退修最重要是有空間和時間。兩者可能讓我們反省到人生問題的含義，我們若願意，可與不批評我們，只表示同感的人分享感受和掙扎。退修不會「解決」問題，退修同伴也不會為我們解決問題，或治療我們。

有關方面頗明顯地訓練**退修指導／退修導師**：不要去解決退修者的問題。那是有幾個好理由的。

首先，退修指導只是同伴。有關方面一般不是訓練他們作心理治療，不是去作輔導員。他們是與你同走一段靈程，作你同伴；雖然有些退修指導能敏鋭地感到某恰當時刻，該建議你找專人幫助，例如請人輔導你的人際關係或心裏的哀傷，這樣做對你有益；但他們通常不會走出這範圍之外。

其次，我們自己發現的方法，才真能解決問題。可能在退修過程出現新方向，你或改變了看問題的觀點，有了新角度。退修指導只是聆聽你分享的，然後向你反映你心思走動的情況。我們向人説出一個問題時，經常會嶄新地聽到自己，就更清楚了解那問題。

然而，你肯定聽過為有特別困難、生活有潛在痛苦的人而設的退修。比方説特別為喪親、離婚、同性戀或愛滋病帶菌者而設的退修。這樣聚焦退修，不是要挪去困難處境的痛苦，而是提供一個安全空間，讓有類似處境的人走在一起安靜、或分享彼此的旅程。

有時退修中心會為受某種上癮問題影響，譬如為酗酒或飲食失調的人提供安靜日或週末。當局可能舉行工作坊，讓人在輕鬆和接納的環境裏有空間探索困難，但他們同樣不會給你即時的解決方法。他們若是有信譽、負責任、有組織地運作，通常會公開清楚表明，不會提供治療。

要找出有這種焦點的退修日子，你首先應去相關的支援組織(例如匿名戒酒協會或關懷厭食貪食會)找資料，看看有甚麼日子或週末適合你。

尋找地點與氣氛？

「神聖地方」對某些人來說很吸引。多年來，甚至多個世紀以來作為禱告和默想中心的地方吸引著我們。這樣的地方似乎「浸淫在禱告裏」，在這樣的地方退修一段時間，會特別有幫助。

這種退修通常是朝聖的高峯。去神聖地方是退修的一部分，它本身就是個禱告，通常是與其他基督徒同行的。

你去甚麼地方朝聖，就決定了你到達目的地時會有甚麼遭遇。你或許選擇參加當地羣體的生活和崇拜(或許修道院會歡迎你參與每天的禱告聚會，又讓你分擔每天的家務)，也許你寧願花時間在大自然，例如蘇格蘭西岸外一個神聖海島：愛奧那島(Iona)，或英格蘭東北海岸外的琳第斯法納島(Lindisfarne)。坊間會有指南或說明教你反省，幫助你以禱告的心感受那地方及它的歷史。

或許你只有一天，不能遠行。你若周圍走走看看，或請本地圖書館指示你，通常會發現所住地方附近有「神聖地方」。可能是不為人所知的隱士住處，例如多個世紀前有位禱告聖人住的一個山洞，或以往朝聖的人都會到一個井喝水，附近或許有個中世紀城鎮，你可按著新舊的地標靜靜走一回，用點時間反省今天這些對你有甚麼意義。例如在什魯斯伯里(Shrewsbury)，圖書館和旅客中心都有一張精彩單張，提供靈糧，教你以禱告的心繞鎮簡短步行一遍。若沒有這樣的指南，你為何不動手做一份，讓跟隨你的人有所依循呢？可能是慘劇後，或感恩行動後，人經歷了深刻的感受，那裏就成了神聖地方。在大瘟疫期間，德比郡(Derbyshire)黑死病小村Eyam有人表現出英勇行為，就留下神聖的氣氛；朝聖者在考文垂大教堂(Coventry Cathedral)可同時接觸到教人悲痛的失落與破壞，又沾到從戰爭灰燼上產生的新生喜悅。

人在法國中部泰澤(Taize)羣體中間，會體驗到「完全浸淫在神聖地方」的意思。能參與敬拜及工作坊，與來自世界各地熱心信徒靜靜交談，會深受感動，產生喜樂與委身，繼續向屬靈道路前進。雖然嚴格來說，許多人數天一起聚集不是「退修」。

你若尋找神聖地點和氣氛，結果去到國外，當然會在歐洲及世界各國找到許多地點。「多佛以外的退修」(Retreats Beyond Dover)特別為人安排：既在國外度假，又有時間到神聖地方反省。你會在《退修》雜誌找到這類詳情。要找本地「聖靈同在」退修詳情的，可直接聯絡那些中心，或與有經驗的人傾談，得第一手資料。

朝聖

朝聖強調去一個聖地退修。通常會步行，除了獨自禱告反省外、若幾個人一起去，就一同禱告反省，讓退修有苦行成分。

在今天的英國，這類朝聖一般去有凱爾特聖人而成為神聖地方的。譬如學生去琳第斯法納島北十架 (The Northern Cross) 朝聖。學生四、五個人一組輪流背負一個巨型十架，在朝聖尾聲，他們會在島上慶祝復活節。

許多人去到這類地方，接觸到信仰與禱告的深層，生命就復蘇了。

步行退修

不是人人可全身而退，用數天朝聖。人想用雙腳尋找退修空間，只要有一天時間，就可以步行退修。現在有不同類型的步行退修。負責人一般會介紹主題，讓參加者有個焦點思考，然後帶領他們步行——最好確保前後二人之間有點空間，讓大家在路上各個階段私下反省時不受打擾。

我們可總結步行退修為十分流行、溫和、為「季節禱告」的一天。負責人會帶領參加者一邊步行一邊默想，可能是去鄉郊，鼓勵他們為當時的季節、或任何對他們生命有意義的東西禱告。

面對人生重大抉擇？

你或許像我那樣，回顧人生過去所做的重大抉擇時會問：「我選擇那個方向時，心裏究竟想甚麼？」我們時常會作事後孔明，希望「當時會像現在那樣知道事情的真相」，就免了許多傷心失望。

我們現在知道，最好與神一起做重大決定。所以將來其中一個做重大決定的方法，是在退修時深入反省選擇的含義。退修當然不會使我們在內心看到選擇實際會怎樣成就，但有了時間空間，我們就可認真分辨心底想要甚麼，心裏要尋找甚麼方向。

人是在有時稱為「長退修」或三十天（甚至四十天）的退修裏，得著這種分辨力的。你若面對人生的重大問題，或許有關將來的工作方向、委身於一個事業、決定結婚，生兒育女，或不幸要結束一段拆毀性關係、離開一個剝削性工作，較長時間退修或許最能幫助你。

用**羅耀拉的屬靈操練**是其中一個最流行、管用、用長時間退修去分辨人生選擇的方法。這些操練鼓勵退修的人反省所選擇的含義，然後做決定，並藉著禱告去確定。通常是由有經驗、熟悉這操練動力的**退修指導／退修導師**陪伴你走一程的，對方與你一起，在你禱告的日子裏，聽到你心裏出現的感動和活動。

不過，有內容的操練系列若不適合你，你可用其他方法獨處安靜、有或沒有退修指導陪伴。你可在《退修》雜誌找到另一些選擇。

長退修類似**為個人而設的退修**。不過，一般在安靜開始前，會有數天適應，讓你反省以往的旅程，想想盼望從這退修得甚麼、或許見見會陪伴你退修的人。通常退修完了、結束安靜數天後，你若願意，可與人一起重溫所經驗的。這最後幾天是從安靜獨處回到日常忙亂生活的緩衝區。助你減少「回來」時受到的衝擊。

在退修時，人通常會休息三、四天，暫停安靜，用自己的方法自由輕鬆。有些人感到這些日子打擾安靜，有些人則覺得很能鬆弛下來。如果你不想打破安靜，當然沒有人會來強迫你的。

像為個人而設、較短的六或八天退修，你是會向前發展的。你大概會每天見一次退修指導，與他或她分享禱告時心裏浮起的東西。對方會按著你分享的，給你翌日禱告的材料。退修同伴會助你分辨甚麼禱告模式最適合你；你若完全運用羅耀拉的操練，每天就大概會用四、五段時間，每次大約禱告一小時。不過，無論你選擇甚麼模式，這種退修都要很專注，不能隨便開始的。

不是人人在做人生重大抉擇前，均有時間或金錢自行消失，進入退修場所四十天。羅耀拉本人也深明此道，就確保自己和同伴能作**日常生活的屬靈操練**。這像三十天的退修禱告，不過不是天天禱告四、五小時，而是每天禱告反省一小時，在九個月內每星期或每兩星期去見指導一次，這像馬拉松賽跑，但果子遠遠超過你付出的。你退修時，可能只是更清楚看到前面要作甚麼抉擇。人也不是要做任何抉擇，才長時間去退修。通常人感到自己是在人生的重要時刻，覺得被一些不能確定的東西敦促，要看看自己的現狀，又準備到那裏去，就決定長退修。

記得《楊柳風》(*The Wind in the Willows*) 有個片斷，莫爾 (Mole) 感到地下的家在附近，是時候回去過冬了。他理性上不知道有甚麼激動自己的意識，但明白要跟隨這些潛意識的推動。我們有時也會感受到心裏有推動，它們嘗試告訴我們是時候走開，默想一下。

你可能立志作神職人員。若是這樣，你嚮往甚麼傳統，就去住在他們的院舍內，即可測試直覺是否對。這可短至一星期，也可長至數月；住在一個羣體內，與指導一起探索你的反應。

你若考慮結婚，也可做「婚前退修」，或與對方參加為個人而設的退修，可以單獨或一起，或有時單獨有時一起去見指導，甚或分別見不同的指導。專心看臨近的抉擇或委身時，指導會建議禱告的材料，幫助你集中心思去分辨。

無論你準備作甚麼決定，最能幫助你準備的，是在安靜中獨自反省禱告，又與明白你現狀，熟悉屬靈分辨工具的人，與你一起探索禱告。你若計劃用這麼長時間去退修場所，就要確保那地方能使你感到自在。你作最後決定前，最好去看看場地，又與職員傾談。

第 2 部分
難以啟齒的問題

這部分的問題是打算去退修，或初次想退修的人曾發問的。我把它們歸類為以下幾個題目：道德問題、我會感到賓至如歸嗎、與退修指導的關係及實際問題。這些問題本身十分主觀，我又是反省自己去退修、陪人退修的經驗回答的。這是我自己的回應，故不應看為該題目的標準答案。

我會用粗體字表明在第四部分小百科提及的題目。

道德問題

退修是否縱容自我中心、追求個人主義呢？

人貶低退修，常用這論點來質疑它的價值、甚至倫理基礎。他們認為人借退修為名，沉溺反省為實，逃避現實世界的不幸。

我們尊重這些控訴，它們若是事實，就要認真看待。

批評的人指責許多人整個「靈程」，包括禱告在內，都是「不健康的反省」。所以我們要自問：我們嘗試走向內在「核心」、「存在根基」時，實在是在幹甚麼？是否更接近神，就會更疏離別人？這是否純粹個人化的靈修，若是的話，與神的國又有甚麼關係呢？

我曾努力解決這問題，仍深信我們深入自己內心，也會接近別人的心靈。在禱告裏，尤其在退修深入禱告，是下到存在的基礎，沉到存在的核心，也深入到我們奧祕地接觸到所有存有的核心、萬物都「合一」的地方，它發出的果效證明它是真的：我們禱告後回到日常生活，若與世界及其他存有更和諧相處，就證明在基礎相遇後，禱告會有創意地向外散發，賜生命給別人和自己。

若真是這樣，去退修就不是逃避「真實世界」，而是向與我們密切相關的敞開，重新看看有甚麼阻礙這關係。我們若真的這樣做，就會發現事情的另一面：我們在日常生活忙於做一切認為很重要的東西，卻時常「逃避」了現實；花時間停頓下來，聆聽心靈的動向，就會面對且遇到在更深現實的那位。

禱告默想及長時間退修，若使我們更接近存在和一切存有的核心，就是有目標：在這「核心」深處得力，帶著嶄新力量和眼光出來；在這受傷世界裏，把默觀化為行動、抉擇和決心，幫助醫治我們的世界，使它完全。

我們基督徒都知道耶穌常退到安靜地方禱告，無論我們用甚麼形式禱告，祂的榜樣肯定鼓勵我們效法。我們也明白基督教傳統看重常退去獨處。尤其有大試煉出現、或福音價值觀的真光似乎暗淡下來時，就特別重要。然而耶穌告訴我們：「憑他們的果子就認出他們來」，相信我們能、也應該用這來測試「退修」。它若為我們、周圍的人、萬物結出好果子，就是出乎神。若使我們疏離別人、世界的需要，就不是出於神了。我們人人都要分辨這件事。

我會被「洗腦」、被說服「相信」或被操控心理嗎？

一般人誤解退修會發生這樣的事，也是一直以來家人反對，要人打消離家一星期的理由。

我們很易光說它是誤解就算了。但有些從未去過退修的人真的害怕實情是那樣。

可悲總有小撮人真的要操控別人的心思，最終更控制人家的生命，宗教組織歷來真的在這方面犯了大罪。

一般來說，沒有任何退修場所會向訪客施壓。它們都提供空間，助人在安靜環境專心禱告反省，探索與神的關係。

你若謹慎，以禱告的心揀選退修場所，又請曾退修的人引導你，就不會突然被一個高壓組織控制，勉強你跟他們思想行事。這違反整個退修觀念，是每位真誠退修指導都會厭惡的。

在極端不可能的情況下，你若發現自己在一個有「祕密議程」的地方，可於任何時間離去，又不必說出理由。若有這樣的事發生，《退修》會公佈有問題的退修場所，退修聯會也想聽你分訴那負面經驗。雖然聯會不能為《退修》列出的每間場所負責，但不會明知場所這樣行事，仍願意支持。

然而，你可能參加**為個人而設的退修**，訂了場地，卻發現**退修指導**似乎想要影響你，說服你跟隨某個思路，或以某種方式做決定。這應該不會發生的。有關方面訓練退修指導不要阻擋神與退修人士交往，永不能把自己看重或忠於的理論加諸別人身上。你若感到退修指導要向你施壓，就有權有責任保護自己。可以的話，你可親自向退修指導說出擔憂。若這樣做太棘手，可向退修場所的負責人說。你也可不去見指導，不必他們幫助，讓神直接引導你；不必為此解釋。若指導不接受，這是對方有問題，不是你有問題！

感謝神，以上情況其實很少出現。不過，你去退修，某程度來說，在神面前及與指導分享時，會變得脆弱。神不會、絕大多數的指導也不會濫用你的狀態。一般來說，是人自行決定怎樣與指導相處的。多半人只會分享感到安全的東西，我們大多會強烈地感到可信任誰，又信任到甚麼程度。我們感到指導有神同在，就打開心靈，沒有這種感受，就關閉心靈，這樣做最能避免任何操控。

你也要記得：指導會定期接受**監督**的監察，監督若發現指導有祕密議程，會在對方影響到別人之前，幫助他或她承認並處理它。

家人反對，怎辦？

有人很想退修，但家人不太熱心，那是有無數理由的。作母親的要去退修，通常會遇到攔阻。因為母親不在，家人就要想辦法充飢。家人極難組織起來，足以讓「做飯的」離開數天，但也可能使所有家人都成長起來。

家人等候寶貴的「年假」出現，但在職父母想去退修，做「自己的事」，就犧牲了與家人共度的假期，似乎十分自私，在這樣的處境平衡優先次序真的十分困難。若只能做其中一件事，目前就別獨自去住在退修場所，等孩子稍大時再說。孩子年幼與家人一起度假迅速過去，「孩子不會永遠年幼的」！另一方面，若退修一段時間可助看出困難之處，對整個家庭來說，可能是個精明的投資。

有時抗拒來自更深層。或許配偶正成長，更深入靈程，就想去退修，但這樣做威脅著對方。我們都按自己的步伐發展，明白終生伴侶在關係的不同階段會有「不協調」，有時不是一起成長的。我們若尊重對方，就要小心處理這種不配合。我在下面列出一些建議：

- 你若遇到家人頑強反對，感到不光是「你走了，誰做晚飯給我吃？」就要首先考慮在**日常生活的退修**。這會給你空間反省靈程，與**禱告同伴／禱告指導**分享，自由地在自己內心成長。也幫助配偶曉得你的靈程不像對方最初看來那樣有威脅性。你也會發現日常生活的退修助你脫離恐懼，助你分辨何時要面對抗拒，甚麼時候合作會更有意思。要記得事事總繼續前進，今年受阻，明年可能中門大開。

- 起初只是短暫離家退修——可能只是週末或三兩天。你會較容易安排兩、三天，不是六或八天要家人照顧自己。你若去退修，回來豐富了，與自己更和諧（幾乎肯定你會！）他們就會看出，所恐懼的畢竟不是那麼可怕，你以後可能就會有更長時間退修。
- 配偶若擔心你離去時，遭人「改變」或「操控」，才反對你去退修，就可考慮提出與對方一起作短退修。有些退修場所為夫婦（包括「同性夫婦」）預備特別週末，或讓人在週末「試試退修」。最少在初期，這樣分享經驗，有助驅除恐懼。
- 配偶若通常反對你長時間不在家，或分開活動；問題就不光是去退修而已。夫婦其中一位想尋找空間獨自探索人生問題，對方感到十分威脅，可能需要專家輔導你們的關係。你若發現自己在這種處境，感到真的需要住在退修場所，得到那裏的空間，就要勇敢下決定。一個真正屬靈的退修、敏銳的**退修指導**，讓你退到所需空間，看看有甚麼問題，回家時就會更有啟發性地繼續生活。雖然不能保證事情必定如此。

我會感到賓至如歸嗎？

我以為神職人員才會去退修，平信徒是否會感到格格不入呢？

大約三十年前，平信徒才開始想到去退修。

在天主教學校長大的人大概會記得：課程定了每年都有一次退修，只為一些人而設，絕大多數人無緣參與，無論那時是怎樣退修的，總的來説是所謂「講道退修」，把同學分為一組組，通常分為頗大的一組，一起聽講員、通常是位神父討論某個主題，聽完就散開，思考所聽到的。

即使是基督教不同宗派，通常也是這類「講道退修」。可以説是分別一段時間出來，聽特別的教導，來特別集中心思。

然後出現巨變。美國首先改變，影響迅速延至英國，人熱切舉行**為個人而設的退修**。最初也主要是神父負責、旨為造就神職人員和不同宗派的人，但一段短時間後就開放給所有基督徒，甚至給信奉其他宗教或沒有信仰的人。

這異象使大量退修場所產生，有些只有數間房，有些超過百間房，退修人士可專心安靜，假使願意，可邀請曾受訓的人陪伴。

所以，今天普遍有平信徒、不屬任何建制教會的人去退修場所退修。人在退修裏「極平等」。一位主教可能在售貨員、煤礦工人隔鄰退修，**退修指導**可以來自各行各業、或男或女的平信徒。在**日常生活的退修**裏，多半退修的人、**禱告同伴／禱告指導**是平信徒。

你若參加為個人而設的退修，大概不會知道一起退修的人來自甚麼教會，或有甚麼身分，尤其現在的神父或基督教教牧很少穿制服，最少他們不在退修時穿上。所有人都以自己的方式，走向自己存在的核心，所以這些表面分野沒有意思。

我不是虔誠基督徒，這有問題嗎？

我可以朗聲回答你這個問題，「完全不會！」

但我可多提一點，這問題實在包括兩個元素，成為兩個不同問題：

- 我不是基督徒，或
- 我不虔誠

你若不是基督徒，沒有忠於基督教信仰，對我們稱為基督徒人生觀的沒有同感，**有主題的退修**聚焦基督教信仰或實踐，你會覺得那不適合你。不過，許多有主題退修思考超越傳統「基督教信仰」範疇的問題，你會發現一些有趣和有挑戰性的。

你若不是基督徒，但決定在基督教退修場所參加**為個人而設的退修**，大概要事前知會當局；無論你是在甚麼狀況，**退修指導**都十分樂意陪伴你。為了讓自己感到「賓至如歸」，你惟一要做的，是要記得自己身處基督教場所，而仍能感到自如。沒有人會「勸你信教」。退修指導的任務是陪伴當事人，無論退修的人遇到甚麼事，都與對方分享旅途中的喜悅困難；指導是陪伴對方，一起走上一段靈程。在過程中互相尊重，沒有共同的「信條」或教義基礎是不成問題的。我認識很多退修指導喜歡在退修中，有特權陪伴另一宗教或沒有信仰的人走一程。

你若是基督徒，無論是否「虔誠」，是否每天上教會，或自從上次去家人的婚禮，已沒有上教會，無論你選哪一類型退修，當局都會歡迎和接納你。

退修場所是否主要為自己宗派的人而設？我若來自另一宗派或沒有宗派，是否會感到格格不入呢？

我會含糊地回答你：「是的」，多半退修場所真的由某個基督教宗派管理，但他們大多在方法和態度上，積極包涵普世教會。因為深入來説，禱告總是普世教會的事，帶我們越過似乎區分人的籬笆，進入存有的深處。退修場所關心聯合我們的禱告，不是分裂我們的教義。

你若瀏覽《退修》，會發現多半條目會説明是哪宗派管理那場所，但常又加上一句「歡迎所有宗派或沒有信仰的人」。泰半住宿的退修混雜了各種傳統的基督徒。退修一段短時間後，像你那樣尋求神的人會忘了外面的世界、我們的名字、教義或實踐之間的分別；在生活和世界裏，更深尋求神的人愈來愈感到彼此是合一的。

英國很多退修場所不是羅馬天主教的，就是聖公會的，他們按著自己的傳統來舉行崇拜。所以羅馬天主教的退修場所是以彌撒舉行每天(主日)的聖餐禮；在聖公會的退修場所，他們是以聖公會的禮儀來舉行聖餐的，如此類推。不過，愈來愈多自由教會傳統的退修場所開放建築物的空間，讓人找著寧靜，一直以來貴格會的場地以安靜聞名。無論你選甚麼退修場所，退修指導都容納普世教會的人，崇拜儘量包涵所有人。例如，多半自由教會背景的人在羅馬天主教或聖公會的退修場所退修，愈來愈不會感到格格不入。

別的教會傳統舉行聖餐禮時，你有自由選擇是否領受。無論是甚麼傳統的人，只要心靈誠實地上前領聖餐，很少神父會不准他們領受的。人人都會同意：主要是我們內心的聖靈作此決定，我們應跟隨祂的感動行事。

即使你去退修，或數星期退隱，人家會邀請你參加某個宗派每天的禱告，你也會發現他們是有包容性的。崇拜是以退修場所的傳統進行，但歡迎人人參與。

人家期望我認識聖經嗎？

退修指導除了期望退修的人敞開心靈踏上旅程，去分辨神怎樣在自己生命裏工作，就一無所求。

為個人而設的退修經常運用聖經。指導可能建議你利用經文集中精神禱告，但會給你經文出處，使你容易找到。在這種以經文為基礎的禱告裏，要讓聖經的話、救恩的事件或聖經故事觸摸到你以往所經驗的，聖經是人與神相遇的大門。無論你是否熟悉聖經的結構內容，都比不上敞開自己，讓聖經揭示你人生與上帝話語的關係更重要。

在**有主題的退修**裏，指導通常不會期望退修的人特別熟悉聖經。他或她若在退修期間，在談話間用上聖經，或提出作為安靜時間個人禱告的焦點，都會清楚說明所需經文的出處。

如果你喜愛某個聖經版本，最好帶去退修。假使指導建議你參考聖經，你若不知要翻到哪裏去看，不必恐慌！聖經開首通常有目錄，我們多半人都需要運用。

一次我陪伴人在日常生活獨自退修，那次經驗非常激勵我。在我們第一次見面的尾聲，我建議對方看兩段經文，然後默想。下次見面時，這位退修者誠實地告訴我，他甚至不知道新舊約的分別，但運用聖經的目錄，他找出我所建議的詩篇。他繼續退修，我發現他被神吸引，很深入禱告，生命就有了改變，看到聖經與自己的經驗有關係，就深受影響。神有些最親密朋友甚至從未「讀過聖經」呢！

為何要人安靜，我怎樣面對呢？

當局只在安靜退修、通常在**為個人而設的退修**，或在**寧靜日**要求人安靜禱告反省的時段，才期望人、要求人保持安靜。

我們不應看這為規矩，甚至更糟地看它為苦行。其實人尋求安靜地方，反省神在人生裏的同在和行動時，安靜是我們彼此給對方的恩典。我們讓對方有安靜，就施予對方空間——「神聖空間」——不願因為交談而打擾了別人的寧靜。

安靜是尊重及保護人人的空間和獨處時間，確保沒有人因為談到自己的想法，就打擾了別人的進程。

寧靜當然會騷擾人。有些人發現安靜退修是個很大考驗。沒有正常背景：使人感到安心的噪音、收音機和電視的干擾，單單只有我與神一起一段時間，使人更曉得真我、真正的需要、我們所倚賴的、生活的要求。這就是整個重點——發現我們比想像中更繫於許多「鈎」，脫離它們，我們就有自由前進，到神在內裏邀請我們去的地方。

退修場所的安靜是特別的。不過，多半人迅速發現那寧靜完全不威脅人，相反，它製造氣氛連結退修人士與指導，使他們更親密。我們不能用說話互相問候，表達我們的需要(例如在飯桌上)，或表示同感時，就會用更深的語言。我們會更在意別人的姿態、面部表情、眼神的意思等等，又更敏銳於他們的需要。

有些人在退修尾聲時感到，比起能正常與其他退修人士談話，他們現在更深認識對方。安靜不光帶我們到自己存在的核心，也去到周圍的人存在的核心，是我們不能——也不必表達的。

不同人以不同方式處理寧靜。你若在生活裏完全不習慣安靜，那麼準備用一週或更長時間安靜前，最好用一個週末或兩、三天時間試試**初次退修**的滋味。在這種嘗試性質退修裏，你每天會有數小時安靜，也有機會與別人傾談、分享經驗，這會讓你明白自己是怎樣回應安靜的。

以下簡單(雖然不算透徹)測試你的性格，在數天獨自安靜裏會怎樣面對安靜。你可以問問自己數個問題：

- 我與一羣人一起，可能是在茶會裏，或在某種羣體活動裏，我與他們更多一起，往往變得更活躍；還是到了某個階段要退出，要有點安寧鎮定下來呢？「你」若更傾向第二種模式，可能反映你為生活得力的自然方法，往往是安靜獨處，不是活在人羣之中。可能你與生俱來是「內向」的，你大概很能面對安靜，即使開始時，覺得有點陌生，但最終會得益。
- 我獨自安靜一段時間後，是更有活力，還是最終感到很需要再與別人一起，重投忙亂的社交生活？你若更認同第二種模式，可能反映你與別人一起，與人交往就自然得力，長時間獨處最終會削弱你的精力。這是與生俱來外向的模式，他們較難獨自長時間退修安靜。

兩種模式都可取，神按著受造物的本性：外向或內向來與他們相處。但你要選更吻合自己本性的退修類型。你若自然傾向「外向」，就會發現第一步最好參加**有主題的退修**。你若自然傾向「內向」，就適合安靜退修。

無論你認為自己是甚麼性格，**退修指導**都會助你充分利用退修，包括安靜時間。

我在獨處時「崩潰」，怎辦？

不是人人都能安然獨處。這不是誰「錯了」，其實是性格問題。一般來說，外向的人與人一起會得力，孤獨、尤其在安靜中會消耗精力。內向的人往往在獨處得力，被迫與大羣人一起，無論時間有多久，都會感到消耗精力。話雖如此，很多外向的人說享受退修獨處，發現之後能重新得力，有些內向的人說在安靜退修的深入獨處裏，也感到不安。

所以，有人去安靜退修，卻發現獨處有壓迫感，偶然，有人真的難以獨處。

為個人而設的退修其中一個好處和保障，是在你退修時，總有位同伴願意在各方面照顧你。這是你可期望**退修指導**之處。那是接待服事之一。所以你若感到吃不消，要逃離安靜，首先要與你的指導詳談。

發生這樣的事是有幾個原因的。最普遍是安靜揭示我們不知道的空虛感、痛苦或某些我們寧願不知道的事實。

你可與指導一起看看是甚麼事，決定最好採取甚麼行動：是否慢慢面對問題的根源，還是暫且不理會。

也可能是外在的事情煩擾你，干擾獨處可能產生的果效。例如家裏的困境，比方騷擾你退修心情的家庭問題、或家人敵對的問題。你要與指導詳談。不要一個人受苦。有時在適當時候打個電話可解決這類問題，有時正需要退修，使大家暫時保持距離。惟有你才知道，但指導可助你分辨，需要時在精神上支持你。

或許是你本性不喜歡獨處，這是你事前無法預知的。你若與指導詳談了，決定不再安靜，你是有自由隨時離開的。你在這樣的環境感到不安，沒有人會強迫你繼續留下來，你做了決定，也沒有人會把你看扁的。

你若突然感到沮喪，在禱告時憂鬱，要立刻讓指導知道。你若在不尋常時刻有需要，多半指導會去到住宿場所協助。即使你當時不察覺，指導通常會感受到你被孤寂淹沒，會為你守望的。

正如警方在電視宣傳防止罪案的節目上最後說：「不必作惡夢，這種問題其實很少出現」。泰半人發現獨處時極有收穫，而且很快會明白：雖然別人是無言地同在，自己其實是在誠摯親切的氣氛下「獨處」。

我要全時間「聖潔」？可讀本小說、聽聽音樂、看看電視嗎？

「聖潔」是甚麼意思？這與「完全」有關，包涵頗多事物。不過，我們在日常生活不太能感受到大多退修場所的「聖潔」。有些聖潔氣氛是真的，是禱告氣氛，是人真正尋找，在心靈深處能經歷到的。不是人本星期或本年住在那裏而產生的，而是多個世紀以來，人虔誠地退隱更新而累積下來的氣氛。然而，有人認為在退修場所應「虔誠」，像穿了一件外衣，就帶出虛偽的「聖潔氣氛」。除非我們追求外加或造作的虔誠，分了心，不追求在神面前更完全長成為真我，否則這樣是沒有問題的。

我們首先要反省每天所作的，是否不及「正式禱告時聖潔」。正如在教堂裏敬拜一小時，看小説、聽音樂、看齣好戲劇，均可使我們更接近神。所以原則上來說，只要做這些事（即使在退修時）不沖淡你渴望與神更深相交的心志（這在正常生活是辦不到的）——或打擾別人，就沒有錯。

然而問題是：我們經常很易拿起一本書來看，扭開收音機或電視，而不是安靜，沉到存在核心，更分辨神在心靈和人生裏的行動。你若在退修時，尤其是參加為個人而設的退修時，感到要看書，或聽音樂看電視，最好向退修指導徹底抖出感受，對方會助你分辨這些活動，在你的情況下，是有幫助，還是會使你分心。

不看書、不聽收音機、不看電視，出現的空虛可以嚇壞人，你最初會強烈地感到要充滿那段時間，但要記得神往往在這段空間揭示自己，你要三思才放下路障。儘量向禱告大能和不受打擾的安靜敞開自己——不是因為人期望你，而是在寧靜和似乎空虛中，你最可能發現來退修要找的東西。

我應獨自退修，還是與朋友一道來？

你若初次計劃去退修，獨自去的想法可以嚇壞你。你若有朋友也渴望去，一起去似乎是顯然的解決方法。

獨自去或與別人一起去退修均有好處壞處。朋友肯定能在精神上支持我們，可使我們第一次退修時更易適應退修場所的日常程序。尤其有朋友一同參加**有主題的退修**，大家可互相鼓勵，同去是有益處的。

然而，假使你想參加**為個人而設的退修**，摯友經常親密交往可教人分心。與密友一起很難保持安靜。例如，往往會想比較彼此寫下的退修進度，很易發展為在退修時，互相分享經驗，嚴重影響其中一方、或同時影響兩個人偏離退修的旅程。

夫婦若一起去退修，情況就變得更複雜了，這種情況時常發生。兩個人若想這樣，多半退修場所是不會反對的。不過，兩個人需要有紀律，確保彼此都有寧靜和行動獨立，來探索屬靈事物。有時夫婦或好朋友會妥協，譬如同意一天裏有時會分開，有時會相聚，例如一同散步。

多半退修場所會為一起來退修的夫婦或密友，提供不同的**退修指導**。退修指導已準備服事你，也願意無條件服事另一個人，而你與那人的議程重疊了(不會總是無痛苦的)，他或她付出就沒有意思了。

兩個人要一起退修，由於其中一個要另一方不斷關懷支持，就會出現問題。你若正處於這種情況，大多退修場所會樂於提供建議和幫助(例如讓你們同房或提供相鄰的房間)。

你若因為夫婦關係有問題，特別想與配偶去退修，就可考慮參加專為「配偶」而設的退修。有些退修場所為夫婦，和／或同性戀人士提供特別的週末。《退修》雜誌會引導你找出這樣的退修。

與退修指導的關係

別人怎能「指導」我禱告？

我看著一羣人準備開始**為個人而設的退修**時，經常會想：他們也許最想問以上這條問題，但通常沒有。我其實常自問：「我們陪伴人家走靈程，究竟認為自己在做甚麼呢？」

然而，有一次有人真的這樣發問，使我留下深刻印象。有人參加**日常生活的退修**，我們問：「誰有問題想發問？」，那人就站起來，向著我們這羣**禱告同伴／禱告指導**說：「你們憑甚麼相信可教我們禱告？」不用說，我們都啞口無言——尤其那是我受訓後第一次作禱告指導！

但問題無論如何逼我們集中看：我們究竟在做甚麼——更重要的，是我們陪人家禱告時，不應作甚麼。

我們值得花幾分鐘看看禱告指導不是作甚麼：

- 肯定不是教人禱告！
- 不是帶人向特定方向禱告。
- 不是把某禱告方法加諸別人身上。
- 不是藉此在靈程上講道，不是分享自己的想法，或把自己的「智慧」(真實的或想像的) 加諸對方身上。

不過，我們陪人家禱告時，是要：

- 陪伴天路客反省禱告，走向神。
- 要留心、親切、全心全意地聆聽天路客選擇分享的。
- 見到天路客似乎激動地分享某事時，向對方反映那一點。
- 天路客若選擇更深入地探索某些地方，我們不要批評，而是提供自由的空間。
- 天路客若要求或似乎歡迎有各種禱告方法時，我們要引導對方。
- 建議天路客在見面後，可怎樣集中禱告，但讓對方完全有自由決定是否跟隨。

我們本不應用「指導」一詞。你與禱告同伴／禱告指導或**退修指導**的關係像兩個人到鄉郊散步。其中一人留意周圍的事物，以說話和動作分享所見所聞。另一人只是同行，留意對方的反應，確定所有帶來成長和睿見的東西。

這是在鄉郊散步時會發生的事。我們停下來欣賞景色、留意路上出現的動植物、只想深深吸幾口新鮮空氣、留意天氣是好是壞。我們或許在散步時談天。周圍的安詳平靜了我們的心，尤其在我們感到真的能信任那位同伴時，或許會談到日常生活正出現的問題。

我們在退修的日子裏「散步」，與指導相處時，也許出現這些情況。指導絕不是「指示我們走路」，而是聆聽：反省尤其目前生活有甚麼觸摸到我們，發現有東西真的吸引我們去想像；反映神在那兒等候我們時，與我們同在；幫助我們更專心留意這些東西。

複述他們所聽到的，就幫助我們嶄新地聽到自己所說的。有一次有人評論說：「除非我聽到自己說甚麼，否則我不知自己是甚麼意思？」這正是「禱告指導」的一個關鍵。指導為你提供空間，讓你聽到自己說出甚麼重要的東西，向你反映他或她聽到的，助你接近神正行動之處。

我不易向人「開放」，我必須這樣做嗎？

我首先要強調，無論你選甚麼類型退修，這是你退修，你特意與神同在，是你選擇怎樣運用那段時間的。無論是在**日常生活的退修**、**分享信仰聚會**、在退修場所**為個人而設的退修**裏，你想保留某些事，肯定沒有人能迫你分享的。

你若真的難以與人建立信任，原則上難以開放與別人傾談，最少在初時，你最好選擇**有主題的退修**，不是為個人而設的退修。前者是聽了講員分享後，跟隨建議反省，或學習禱告，只在小組裏分享，或特別向退修會負責人分享，就能深化靈程。你一般不會感到要被迫分享；你若覺得受壓迫，是有權反抗的！

為個人而設的退修專心為自己禱告，又反省那禱告，你只需向指導分享願意開放的部分，此外就沒有其他了。**退修指導**要建立信任的氣氛，鼓勵你儘量開放，分享經驗。有關方面也訓練退修指導敏銳於退修人士的反應，懂得解讀對方未說出口的示意，並回應他們。他們應能感受到你想開放分享甚麼，又在哪裏有所保留。每位指導均知道有些退修人士只分享很少，有些卻幾乎滔滔不絕。人人各有不同，對方不會期望你是另外一個人！

有時我們深刻反省人生最重要的東西，去到一點真的想繼續探索，卻不知如何是好，或還未有勇氣。退修指導若發現有這樣情況，會溫柔鼓勵你「吐露」一點，但只會用開放式問題(不假設你要說任何特定答案，其實完全不需要答案)，或反映你曾分享的。完全由你決定是否接受對方的邀請。你無論決定怎樣做，指導都不會介意，不會追查你未提起的事。在任何階段，對方完全接納你沉默、也接受你直接說不想再談某個問題。要記得每次與指導談話，是由你制定議程的。

退修指導期望我作甚麼？

我們去退修，即使曾多次退修的，也會為見**退修指導**而感到有點焦慮，這是可以理解，也許是無可避免的。那會是誰呢？我們會合得來嗎？我會羞辱自己嗎？這些問題在我們腦海不斷盤旋。

我們可能要反過來問自己：「我認為指導對我有甚麼期望呢？」我們回答自己時，會發現害怕退修指導期望我們：

- 到達所謂靈程「成熟」階段。
- 知道自己想要甚麼
- 熟悉各種禱告方法
- 習慣經常獨自禱告
- 十分確定所信的，「沒有疑惑」
- 能說明最深入的感受
- 諸如此類……

我們去退修時，以上一個或所有想法都會縈繞心頭。我們首先要確定沒有退修人士(包括退修指導本人退修時)，會很有以上條件，就放下這些想法。然後逐一看看這些普遍的誤解：

- 沒有「成熟基督徒」這回事。我們均只是剛踏上靈程，耶穌向我們保證最好作「小孩子」。
- 很少人會知道自己想要甚麼。她若知道，可能是她的氣質較接近成長和發現。不知道想要甚麼，就會向你渴望發現的一層層東西開放，直到你接觸到所渴想的，與神渴望你得著的相遇為止。
- 人有很多種禱告方法，無論你目前是甚麼狀況，退修指導都會陪伴你。
- 許多人渴望經常禱告，但實際上很少人實行。退修是探索我們對禱告的渴望，不是表現假設我們已達到的。
- 堅定相信會攔阻人成長，懷疑卻常使人走向新生。有人說信心的相反不是疑惑，而是確信。
- 我們常無法表達最深的感受。你無法說出感受時，指導會陪伴你，解讀你心靈所表達的。尋道者結結巴巴，比懂得平順表達的，更接近自己的心。我們表達之間有缺口，神藉著它們說話，指導彷彿調校到你說話的波長，也聽到這些缺口所說的。

某程度上，人人幾乎都在以「成就」來衡量我們價值的文化長大。以為退修時能馬上放下這種想法是太天真；但那真是我們要做的。你一旦踏進退修場所的門檻，就離開以資歷衡量你的世界。所以退修指導不會期望你甚麼。

每位退修指導都假設這是你的時間，你的退修——用任何你感到被驅使的方法，探索你與神的關係。指導期望你向神、任何在禱告裏出現的東西開放，但完全不期望一些事物，比方，熟悉聖經、神學、任何一個傳統的做法、其中一種禱告方法；不會預期人懂得怎樣禱告，若你不按照他或她建議的材料去禱告，感到想在整個下午彈結他、繪畫、玩陶泥，對方會完全接受你。你可突然歌唱、流淚、快樂讚美或惱怒生氣。有關方面就是訓練指導預期人會出乎意料地流露自我。

我要與退修指導談甚麼呢？

多半人在初次退修開始時，都深信沒有甚麼可向**退修指導**說，永不能填滿三、四十分鐘單獨見面的時間。但第一、二次見面後，多半人懷疑他們在這麼短的時間內怎能說完一切呢。

讓我們先討論那些憂慮吧。首先，單獨見面可長至三十分鐘或更長，但也不必那麼長。你去退修，是你決定在那段時間內，與指導要傾談多長時間。你若用十分鐘已說完想說的，指導又感到你想完了見面的時間，是沒問題的。

話雖如此，泰半人發現其實有更多話要說。某些人可能初次被人真的聆聽，人家認真看待他們對靈程的感受。對方的態度鼓勵我們詳細談到更深的想法與感受、盼望與恐懼，一旦指導與退修人士建立了信任，就自然對話。問題現在是要集中在你真想說的，徹底探索你最要探索的，而不是勉強充塞時間。

所以適宜在這時談到：「任何事情」！你與指導集中談到前一天在禱告反省裏浮起的東西。反映你靈程某方面，實在關乎整個你。你也許在禱告時想起人生的問題或人際關係，想向敏銳的聆聽者和盤托出。可能對信仰有疑惑或盼望，或對禱告的東西有了睿見；指導會溫柔鼓勵你探索似乎對你重要之處，可能打開一道門，讓你繼續談下去。

你若是初次見面，不知從何說起，怎辦呢？指導大概會建議第一天專心禱告甚麼，這話題本身會使你想起心中某條探索之路。否則，你可分享直到目前為止的信仰歷程，路上最顯然的地標，又似乎要領你到哪裏去。指導會助你感到安然，也許沒有威脅性地提出幾個一般性問題，使你們自然對話。

我對著退修指導感到不自如，怎辦？

退修大會舉行第一個聚會時，把**退修指導**的名字給了你。無論是在**日常生活的退修**，在退修場所**為個人而設的退修**，你均無權挑選指導。你為了怎樣與這陪伴你度過整個退修的人相處，又可能與對方分享最影響自己人生的事情而焦慮。

去退修及陪人退修是件怪事，二人行在退修者禱告及人生經驗的聖地上，往往沒有考慮喜不喜歡對方。你在茶會遇到他們時會不順眼，但當他們分享心靈深處時，你就不會有那種感覺了。聽起來像陳腔濫調，但事實的確如此，人家把最深的夢想都交給你，你幾乎出於本能會尊重這樣的人。在一般談話裏，有人誹謗某人，若另一人曾陪伴這人禱告，就會即時盡力為他答辯。二人有意識地一起尋求神的心意，神無條件的愛就塑造了他們的關係。

所以你實在不太會與退修指導相處不來，比日常生活「普通」交往更不會有問題。

然而，到了退修第二、三天，你開始意識到禱告出現不想見到的問題。在這樣的處境，心理防衛機制會使你向最接近的人，通常就是退修指導投射(轉移)負面感受。你與神探索痛苦之處時，敏銳的指導會處理這情況，毫無怨言地繼續陪伴你。但你會受試探，認定這位指導是罪魁禍首，來逃避真相。指導若不是有問題，即使你成功換了另一位，也不能解決使你對自己及程序感到不安的原因。通常退修繼續有進展，這類問題就會消失。藉著禱告的恩典，退修人士開始誠實面對自己的問題，不再把負面的東西轉移到指導身上。指導起初像是退修的絆腳石，最後被珍視為踏腳石。

所以我建議你在否定某個指導前，要謹慎其事。要誠實說出你怎樣、又為何有這種感覺，相信對方能處理這問題的。用點耐性跟進這問題，看看事情怎樣進展。倘若真的是個僵局，可向退修場所的負責人反映，雖然在安排時難免騷擾其他人，但有時是會為你換另一個人的。

總而言之，要以禱告的心行事。有時在起初刺激我們的人，最終會成了我們蚌殼裏的沙，使我們成為貴重的珍珠。

實際問題

一般退修要多少錢，我付不起可怎辦？

當然沒有「一般退修」這回事，所以指出任何費用，都是給你一個大概數目，讓你有個預算。

退修費用最低可近乎零，最高可達數千鎊。我在這兒說出大概要進行那幾個主要步驟，要明白退修費用大多在乎：退修指導或退修場所是否以此謀生。若是這樣，去退修的人就要為服務付上費用（當然是非「牟利」的）。

廉價的退修

最便宜是由一位義務**禱告同伴／禱告指導**安排和陪伴的**日常生活的退修**。有關方面只要求你付微不足道的錢給禱告同伴和租用場地（倘若有需要的話）。目前本地的費用（二○○二年），每週指導一次禱告最低為五英鎊。禱告同伴若要長途跋涉來到，費用當然要按比例提高。若在公開場地開始、結束和進行單獨會面，費用當然會更多。

公開退修也只向退修人士收最低費用。本地安排多半的**寧靜日**、步行退修、在**寧靜園**的日子也是費用便宜的。

有些中心請參加者自由奉獻、提供十分好的**寧靜日**、反省日、或「順道走訪」。當局要求你按自己的能力，為當天所得的服務奉獻，有時有關方面會指出實際支出，期望人最少奉獻多少。不過，自由奉獻是人隨己意酌量的；沒有人會去檢查每個人所擺上的。整個構思是讓人人都可得到這類服務，不會因你付不起錢，就把你拒諸門外。

更昂貴的退修費用

我們一旦要求食宿，顯然費用就會提高。我們都知道今天的食物、暖氣、照明、保險和管理一個家要多少費用，每間退修場所都要付出這些，還要清潔和維修整個地方，尤其要用大量金錢保養美麗、古舊、宏大、十分有氣氛的場所。

提供住宿的退修場所一般要求你為房間、三餐等付錢；然而，他們付出的實在比一般假期膳宿地方所提供的更多。例如，**為個人而設的退修**包括每天見退修指導，每天的禮拜儀式；也請你不必太客氣，視住在那裏如同在「家」中。泰半退修中心會建議你該奉獻多少(你不應看為可「隨意」)。目前(二〇〇二年)每二十四小時，大約要付出四十至四十五英鎊。

你一旦付了退修費，除了來回交通費，就實在沒有其他支出了。你在那裏不需要甚麼——除非你是書蟲——多半退修中心的書攤非常誘人！

有時參加一天聚會特別昂貴。例如，由遠道而來的講員帶領大家反省，或場地的租金昂貴，你有時需付大約二十英鎊的報名費，有時甚至更貴，雖然大會有時特許低收入人士參加。

減費問題

除了減費給學生、低收入、領國家福利的人士外，許多退修場所為幫助無經濟能力的人退修，會提供資助基金。

你若需要資助，就可申請。有些人正是想別人運用這些基金而捐錢的。你申請時，要向退修場所的負責人說明現在的經濟難處；這是直截了當的問題，你要求援助不會影響申請，假使基金目前有錢可幫助你，當局就會考慮你的申請，也會直接答覆你的。

多年來，有人想幫助別人退修，就奉獻錢，結果成立了資助基金。退修場所的負責人或司庫見人要求經濟援助，就把現存資源與當下需要的人配合起來。這不是「施捨」，你不必猶疑是否應該申請。

我要預訂場地嗎？

這在乎你去甚麼地方，又在甚麼時候去。許多退修場所，尤其是著名的，可在一年前預訂，特別你定在學校假期退修的話。很多較小型的退修中心，或許只有幾間房，也很快爆滿的。

某個**有主題的退修**若吸引你，你最好儘早決定，然後致電退修中心詢問是否有位。你若在數天內連同訂金支票、寄上申請信的話，中心通常是會接受的。有些退修中心有網址，會說明有多少房間可供申請，不過，你不能太相信那些資訊。最好親自致電或寫信詢問。你若寫信詢問，別忘了一併寄上貼了郵票的回郵信封，方便對方回覆。

退修中心宣傳小冊子往往會預早，通常每年，有時每半年公佈有主題的退修。《退修》也會列出很多有關資料。

日常生活的退修通常只在本地、在舉行場地的周圍(教會、學校、大學等)宣傳。由於當局可邀請額外的**禱告同伴／禱告指導**幫助退修人士，所以會歡迎名額以外的人參加，所以不太需要預訂。

你若已決定去某個退修中心，參加**為個人而設的退修**，定了日期就要儘快聯絡中心。每年許多人因為太遲報名而未能參加。不過，因為預訂與實際退修之間相距頗長的時間，很多退修中心保留一張後補名單，你若在名單前頭，很可能成為後補。

那裏每天都有崇拜嗎？

這在乎個別退修中心的習慣。有些較大的中心每天都有聖餐禮，你會感到那是一天的關鍵。他們通常也會分別一段時間，不是在早上，就是在晚上一同安靜禱告。

場所每天都有崇拜，退修人士是自由參加的。然而，幾乎每位退修人士都感到受吸引，要與其他退修人士及住在場所的羣體一起敬拜。有些人感到經常崇拜(包括出席該修會每天七次的禱告)會有意外的喜樂。有些人則喜歡有自由不參與。

在較小的中心裏，可能不會每天舉行聖餐禮，但會一同禱告。中心內會有小教堂或類似的房間，讓大家聚集禱告。

個別退修人士參加**為個人而設的退修**，若一同崇拜，就可與人一起禱告，這事實提醒我們，人人都是「身體」裏的一個肢體。

在**有主題的退修**裏，退修負責人常建議人一同禱告、參加早上或晚上的讚美敬拜。有時是安靜默想，有時會說話，並生氣勃勃。這很在乎當時那裏的人屬乎甚麼基督教傳統。例如，有兩次退修在我心裏留下美好的回憶，一次是在倫敦東區 (East End) 的反省日，混雜著各種參加者，但主要是倫敦東區人士和加勒比男女，他們在我們禱告的某個時刻，自然唱出詩歌；另一次在都柏林 (Dublin) 退修，在主日彌撒時，有退修人士用愛爾蘭語非常和諧地、唱出傳統禱告詩歌，使主日彌撒奇妙地活潑起來。

你若住在退修場所，那兒每天都舉行聖餐禮或崇拜，退修指導可能邀請你一天或幾天在崇拜中作點服事，例如讀經、端上聖餐的酒和餅，或作為聖餐的襄禮。你當然可以推辭，但不要讓緊張操控你：這樣是服事其他退修人士，不像你初次看來那樣可怕。

你若看重每天的崇拜，以此作為選擇場所的條件，就要事前問清楚他們有甚麼安排。

會休息輕鬆嗎？

在退修裏，我們放鬆、有願意接受的心，對神、祂的旨意和自己的「表現」沒有先入為主的概念，就最能與神、我們最深最真的自我相遇。所以「放鬆」成了過程之一。

首先，放鬆是在禱告時——讓神在我們裏面、為我們作主，不是要在禱告裏「成就甚麼」。其次，放下平常，經常是緊張的日常程序。

第二種放鬆在乎人參加甚麼類型的退修，而退修的時間又有多長。

多半人想滋潤靈命，就報名參加寧靜日或有主題的一天，指望**退修指導**供應自己。不過，稱職的退修負責人常曉得：惟有神才能滿足人等候多時的需要。他或她只提出一個焦點，讓人尋找那個餵養——指示退修人士向著某方向安息，然後讓他們有段時間獨自反省，讓神親自向每一位說話。這是「放鬆」和聆聽神的時間，或許是在花園漫步，坐在窗邊或湖邊，或只是閉上眼睛，安息在平安的「綠洲」裏，期望在寧靜日最少有兩小時這樣的「休息」是合理的。

在較長的**有主題的退修**裏，每天會反復出現這種模式。當局有時純粹為了放鬆——也許是與其他退修人士聯誼，來安排晚上聚會。有些人很珍惜自由時間，希望有更多這樣的時間；有些人則出乎意料之外地難以「放鬆」、有果效地填滿那段悠閒時間。有些有主題退修肯定比別的更有結構和「排得密密麻麻」。你事前若知道自己想要更有內容的退修，就值得在預訂前，更詳細詢問負責人那天的情況。

在**為個人而設的退修**裏，是退修人士決定甚麼時候休息放鬆的。最好每天都有一段純粹調劑身心的時間，你憑直覺，不是故意「禱告」或「反省」——雖然事實上你會發現，反省過程是持續的，你只是「活著」，就會更深反省，又豐富了那段時間。

你參加為個人而設的退修時，或想以閱讀來度過「自由」時間。你若有這想法，要與指導詳談。神本想在你禱告時提示甚麼，但閱讀（甚至是「讀屬靈書」）很易使你分心，有時甚至給我們潛意式的「借口」，逃避在禱告裏會注視到的事物。因為書的主題不知不覺滲入禱告反省裏，使你偏離了，所以閱讀不是好方法。寫信、長時間與人傾談電話或看電視，都可使你分心到不該想的地方去。指導會助你分辨甚麼能幫助你，甚麼會使你分心。不過，尤其在花園裏運動、到鄉郊、海邊散步，可以同時放鬆，又幫助人默想。

在真的長時間安靜退修裏(超過八天)，當局肯定會安排休息的日子，你在那天可隨意休息，大概可與其他退修人士交談。

最好退修多少天？

一根繩有多長呢？

答案在乎去退修的人是誰，那人在當時又有甚麼特別需要。

然而，安靜退修是有動力的，一般是以五、六或八天去反省這動力的某方面。人常發現要用上兩、三天才安頓下來。我們離開去退修前，很難「關掉」日常生活正進行的一切，真的教人詫異。很多人最初幾天是逐漸減速，彌補所需的休息和放鬆。有些退修人士在這幾天會太擔心「我要在這退修作甚麼？它是怎樣的？」我們惟有停止憂慮，神才可從旁給我們一個字，真正的問題才會出現。

你第三、四、五天禱告及與指導談話時，這些問題會浮現。第三、四天也可能是低谷，尤其退修人士發現退修「沒有進展」時。正如在為個人而設的退修裏，長時間專心禱告很花精力，退修人士若不調整自己的速度，會發現靈裏枯竭(參第三部分看這方面的指引)。最後一、兩天應集中逐漸蒐集到的退修果子，然後準備回家。

所以，在**為個人而設的退修**裏，你若向神敞開人生的嚴重問題，我建議最少要五至六天，當然八天會有更多空間。**有主題的退修**是要滋潤和鼓勵你繼續上路，你能騰出多少時間就用多少時間。一個週末不錯，一週時間也不錯。

退修是禁欲嗎？

我們若回顧歷史，例如，反省早期僧侶怎樣經常沒有水與食物「退修」，耶穌又怎樣退到山中，靠近父神，就要反問自己，為何現代許多退修場所變得如此舒適。

但退修場所像其他多半東西，是有各種形式和舒適程度的。大概使我們感到最舒適的，不是場所所提供的物質，而是那裏瀰漫的親切和接受氣氛。

多半退修場所的確使人感到身體精神親切舒適。但肯定是簡樸使你最接近「禁欲」。一個「樸素」的退修場所提供(大概是頗小的)睡房，通常有自己的臉盆和毛巾架，讓你掛衣服的小衣櫃，可能還有書架、一張椅子和小書桌。與另外幾位退修人士共用的洗手間和浴室通常就在附近。飯堂早已擺上菜，不過沒有人服事你，這雖然是便飯，但有不同款式，你定會滿意。有關方面期望你做點事，包括清潔桌子、洗碗碟；離開回家前，要取下已用的牀單，並整理牀鋪。

另一極端是「舒適」類型，有些退修場所給你大房間，有時有全套設施，食物多得叫你吃不完。還有其他奢侈服務，例如漩水浴、推拿、香薰、腳底按摩等等。

除非當局一早說明，否則你會獨享一個房間。《退修》會列出住宿這方面的詳情。

退修時要禁食嗎？

本書不打算談到禁食作為屬靈操練的問題。雖然有些退修人士在退修某些時刻禁食，我只說「沒有場所會假設你在退修時想禁食」就夠了。有些退修人士見到場所所擺上的，就打消禁食的念頭，退修事工其實是要提供接待。退修場所的同工親切歡迎款待，又提供舒適的地方讓人吃飯睡覺、恢復精力。**退修指導**是以聆聽的心接待你，讓你在那兒活出真我，不怕被人否定或矮化。這就是我們彼此顯露神愛的方法。所以你在退修時可三思才嚴格禁食。

假使你決定整個退修不吃一兩頓飯，只須事前讓場所管理人知道，以免浪費食物。有關方面每天都會列出一份表格，讓退修人士表示當天準備不吃哪一頓飯，你若有此打算，就可在上面打個鈎。多半退修場所會提供素食。無論是否在退修，若要嚴格禁食，都要謹慎，適當時候要詢問醫生。

我是貓頭鷹，有關方面是否要我黎明即起，晚上十時上牀？

感謝神，天國有許多住處給貓頭鷹、雲雀、兩個極端中間的品種。退修場所雖不是天國，但應嘗試在同樣路線上運作。

所以，在典型的住宿退修場所裏，無論是**有主題的退修**或**為個人而設的退修**，你是按著自己意願運用時間的。在固定的三餐、去聽人教導、去見**退修指導**外，你可定自己的時間表，又可隨意改動。

惟一限制，是你不能騷擾其他人。你可以早上六時起牀，但不要吵醒鄰居；你可以直到凌晨也不睡，觀察夜裏十時後屋子裏瀰漫著的寧靜。大多退修場所都有設施，讓你日日夜夜都可弄杯熱飲。你絕對可以這樣做而不打擾夜裏的平靜，正如你可到處走走，也許用小禮堂或其他地方禱告，或只是想紓緩失眠的感覺。你去退修時，像住在一個頗大的家庭裏，同樣要有禮，為人設想。許多人參與退修場所羣體所舉行的禮儀，發現豐富了退修的內容。但你是自由參加的，沒有人會跟著你，看看你是否有參與。人人都會尊重你所選擇的。

不過，你若在宗教建築物內退修，選擇參加那裏的日常生活，有關方面期望你參與該羣體每天的禱告或其他禮儀。在那裏你日夜都要比較嚴格地跟隨他們的時間表作息，你開始退修時，有關方面就會告訴你所作安排和詳細的時間表。

有時人發現退修的經驗改變平常的睡眠習慣——通常是變得更好的。習慣遲睡的「貓頭鷹」可能會發現，他們在午夜前也能入睡，很得益處。習慣遲起牀的人發現黎明即起牀是快樂的，值得為之早醒；平常太操勞，但七時就起牀工作的人，會喜歡在被窩裏多睡一兩小時。與神一起，甚麼都可能，尤其在退修裏。

第3部分
事前、當時及事後

預備退修

退修是特別時刻。是去到你最深入、神居住之處。你大概會在數星期前開始想到：它不光是個假期，所以你要準備腦袋及心靈。我們在這章會看看你準備時會考慮的幾件事。

實際預備

你若計劃在日常生活退修，就要考慮以下幾個問題：

- 你熟悉這種退修怎樣運作嗎？若不知道，可先詳讀第四部分的**日常生活的退修**和**禱告同伴／禱告指導**。就會稍微知道退修是怎樣，並你同伴的角色。
- 你知道在哪兒舉行開會禮嗎？你預留了時間參加嗎？
- 你已安排了可定期見禱告同伴嗎？開會禮決定你甚麼時候，又多久去見禱告同伴一次。多半禱告同伴即使願意頗彈性地處事，你還是要記得他們也需要安排工作和滿足家人的需要。

你若預備住在退修場所，就要預備更多實際事情了：

- 你若負責照顧家庭，是否已安排人在你離家時照顧兒童／長者，或年老體弱的親友／寵物。
- 你明白到了退修場所應作甚麼嗎？若不知道，就詳細看**有主題的退修、為個人而設的退修、退修指導／退修導師**和**退修的日常程序**。
- 你知道要何時到達，要帶甚麼去嗎？退修場所一般會在事前通知你到達和離開的時間。你若不肯定，只管致電去核實一下。我在下面建議你可帶甚麼去。

- 已告訴場所你有甚麼特別需要嗎？例如，有讓輪椅進出的設施(比方住在底層，方便去浴室)；飲食上的需要；有環回系統——尤其在有主題的退修裏，讓聽覺不靈的人也聽到講員說話。

你在退修需要甚麼呢？

在日常生活退修，你需要很少東西。每次見指導時，你最好有本聖經，在退修期間，身邊有筆記簿和鉛筆，可寫下指導建議你怎樣禱告，及你想在下次與指導分享的想法、感受及反省。

對住在退修場所的，以下清單會有用(雖然不是包羅萬有)。

- 教你感到真的「在家」的舒適便服。你不必把一半衣服帶去，但所帶的要使你感到不受拘束。
- 在屋裏穿的涼鞋或拖鞋。
- 你若可從場所步行到附近的郊野或海邊，就帶運動鞋去。你若不確定，也假設是需要的，這樣比較穩妥。到了一個地方，外面景色吸引你，但沒有合適鞋子去探索，你會感到十分掃興的。
- 你若想出去散步，要帶備防雨及保暖的戶外衣服。
- 個人衞生用品，包括衞生紙(場所若不提供的話。你若不確定，可在出發前詢問一下)。
- 聖經、筆記簿和筆／鉛筆。
- 可帶顏色筆和畫紙。

- 帶任何可助你默想的東西去。不過請留意，為免引起火災，場所也許不准退修人士用蠟燭，所以你在房間用蠟燭前，要詢問場所的管理處。
- 鬧鐘。這似乎是最後一件你想帶去退修的物件。你若想及時醒來，不因睡過了頭而錯過吃早餐、參加早禱會、在晨早見指導，鬧鐘是絕對管用的。你若不需要，當然不必設定響鬧時間，但知道有鬧鐘在，可能使你睡得更好。

幾件你不必帶去的東西

書本(尤其在為個人而設的退修裏)。神邀請你同行時，閱讀可使你偏離神的路，叫你嚴重分心。然而，我總會帶一些詩集去，助我在花園裏曬太陽時放鬆，或在睡著前沉思。你若覺得必須閱讀，就只是為了鬆弛，不要用這些時間來研究某個神學主題、某位屬靈大師的最新著作等等。要相信神會為你最大益處、智慧地使用你所獻上的時間。

精美衣服。你不是去晚餐會，或與領袖一同吃飯。只帶你感到舒適的衣服。輕省地走不僅是屬靈的條件，也教人更易走上旅程。

高科技產品。譬如手提電腦，收音錄音機或手提電話。諸如其他事物，例外證明平常的需要。例如用錄音機播出你鍾愛的溫柔音樂，會發現它幫助你放鬆。你若急需與家人聯絡，就需要手提電話(多半退修場所都有公用電話)。你若帶了同行，為了你自己，也為其他退修人士著想，不用時要記得關掉。你出發去退修前，儘量放下使你想起工作的東西，並堅持這段時間要離開工作。在安靜的退修裏，要儘量經驗安靜。

個人的預備

各人可極不同地預備自己的退修，但我在這兒提的幾件事一般來說都會有用。

你若準備**日常生活的退修**，最重要是反省如何、在哪兒和在甚麼時候定時禱告。你可能已十分忙碌，還不清楚可怎樣騰出時間禱告，你若不能頗定意地花時間禱告，就會減弱退修的作用；若不能每天都禱告，最少一星期禱告三至四次。本章後面會引導你怎樣禱告，但你要考慮以下的來準備：

- **每天可定時禱告多少時間**。要現實！單獨禱告十分鐘，天天堅持，比盼望每天禱告半小時更有效。你幾乎不可能每天禱告半小時，勉強而不成功，你會生自己氣，更易全盤放棄。
- **你去哪兒禱告**。最好在所定時間內，不受打擾地獨自禱告。有家室的人難以這樣，有些人會去附近的公園或教堂禱告。有些人在公車或火車上集中精神向神禱告。你在自己家裏，或許在晨早，孩子上學後或上牀後，有幾分鐘安靜時刻。若是這樣，你能在屋子裏找到固定的「私人空間」嗎？也許點一根蠟燭，打開聖經，向著象徵願望的東西禱告。有張舒適椅子，最好是直背，能支持背脊，使你愉快的。一個禱告墊子或跪凳也不錯。這樣的特別地方會助你更快放鬆和進入禱告狀態，助你使禱告時間成了每天的喜樂。

- **一天甚麼時間最適合你禱告**。有些人天生是雲雀，有些則是夜鶯。許多人發現早晨在家人醒來前有時間禱告，好好開始一整天，完全是恩典。對有些人來說，要早上六時起牀如同惡夢般可怕。你要聆聽自己的心理時鐘，找出清醒的時候，又能在那段禱告時間內鬆弛。有人習慣了在晚上禱告，那也是好的，但你可能常在默想期間睡著了。要記得禱告會有意無意地滲透你整天的心靈。我在本章末了會談到如何使禱告活潑。

你若計劃入住退修場所退修，也用得著這些指引。你的指導會助你安排退修時間，平衡地結合禱告、反省、休息和運動。因為沒有甚麼教你分心，你大概更易有空間時間禱告，在那兒實在可選擇許多地方禱告——自己的房間、小禮堂、場所裏的安靜房間、附近的郊野。

無論你怎樣退修，在開始前先反省以下問題：

- **我帶甚麼去這次退修**？只要意識到正圍繞生命或正或負的問題，不要解決或評論它們，讓它們留在意識裏。不要假設會針對這些問題來退修——神可能定意在這次退修有另外的計劃——只要曉得你連同行李，帶了甚麼進去，就稍微協助清理前面禱告旅程的道路。
- **我實在盼望這次退修成就甚麼呢**？我渴望甚麼呢？神若問我：「你現在最想我為你作甚麼呢？」我會怎樣回答呢？曉得自己心裏正渴望甚麼是好的（無論你覺得怎樣不可

能成就！)只管把這些渴望帶到禱告裏，帶進退修裏；你若喜歡，可與禱告同伴分享。

正如我首次離家、去住在退修場所退修時的心境，也是我最能幫助人預備心靈去退修禱告的話：

「沒有期望！」

充分利用你的退修

那天到了，你開始退修，無論只有一天安靜反省，還是有數天或數週獨處，無論是在日常生活壓力下，還是在退修場所與世隔絕，你都想它滿有果效，滋潤以後許多日子。

禱告若不是我們可「成就」甚麼，而是神施恩，你可幫上甚麼忙呢？我們來看看怎樣使你安靜的日子儘量滿有祝福。

不要憂慮

每次出門，我發現自己會不斷想起可能忘了帶甚麼；直到走了一半路程，曉得無論我遺漏了甚麼，都不值得現在回頭去取，才會專心前面的事，不拘泥漏了甚麼。

你去退修，會留了頗多東西在背後。你去住在退修場所，會留下工作、家人、朋友、責任和別人對你的期望。今次是罕有機會，又不會持續到永遠，所以你要充分利用。信不信由你，你不在，還是會有人完成你的工作、家人還是會吃飽的。你既然已安排了一切，現在就好好享受自由。

在日常生活退修，會較小型地感受到：每天有自由禱告、見指導的時間，也是單單與神分享的「自由時間」。

說「不要憂慮」容易，實行起來卻困難。不過，一旦開始了退修，你就不能作甚麼來確保：外面沒有你能繼續下去。這是第一個要過的難關。若真有焦慮或緊急的事出現，你當然要去處理，但你不是獨自面對；你的退修指導、退修場所整個羣體的人會盡力協助你解決要處理的事。然而，不應看會議室或工廠的問題、家人經常爭吵為「緊急的事」！

尋找並維持最好的程序

你計劃退修時，會計劃在甚麼時間，又怎樣禱告反省。一般來說，有關方面為人安排**寧靜日**或寧靜一週。退修負責人會安排一些安靜獨自禱告時間，你感到之前講座有甚麼特別針對你，就集中那一點，讓禱告繼續帶領。

在**日常生活的退修**，要天天繼續曉得：為何每天定意要用那麼長的時間禱告。用多少時間比不上你以紀律忠於所決定的。通常操練一段時間後，禱告就「活了」。你若到了一半覺得悶，就減少時間，可能會失去所祈求的恩典。我們忠於獻給神的時間，也體現我們深化與神關係的渴望。

你若發現無法實行在甚麼時間地點禱告，就值得坐下來靜靜細察那處境，可與禱告同伴詳談，又在必要時改變情況。你也值得反省為甚麼不能實行所想的。有時是有客觀理由的——有我們不太能改變的實際情況，若真是這樣，就選擇更好的時間地點禱告吧。另一方面，有時因為我們下意識避開安靜會顯露的，就不願用固定時間禱告。你若感到可能是那樣，就更要尊重分別出來的時間，與**禱告同伴／禱告指導**詳談這些感受，也許會有幫助。

你要充實住在退修場所的日子。通常教導時間已為**有主題的退修**定了形。是你自己決定怎樣過**為個人而設的退修**時間。第四部分**退修的日常程序**列出了一般的指引。你若願意，退修指導會助你計劃禱告的時間。

你若能平衡以下各方面，肯定就能從退修得著最大的益處：

- 「定意」禱告的時段
- 反省禱告
- 鬆弛
- 運動
- 與其他退修人士和／或羣體一同禱告或崇拜

投入受造世界

你當全人用身體靈魂去經驗退修。退修場所會照顧你的飲食，大概也會建議你到場所外散步。是你決定是否運動，最重要是享受它。退修難得有機會投入周圍的受造世界，有時間做你喜歡的事。我知道有位仁兄去退修時，沿著鄉郊小路散步，突然停下來，站在路邊凝視樹上的生物，誰知他究竟站了多久，反省所看到的一切，在他醒悟到周圍有甚麼事發生前，這條窄路上有輛車耐性等候要駛過他。

所以，只要不致弄得交通阻塞，抓緊神所賜的機會，每分鐘均留意其他生物做甚麼，受造世界表面疏離，背後卻有更深合一，這樣觀察，會使你逐漸再與整個世界結連起來。運用你所有感官，留意和投入天氣的不同轉變、雲層不斷改變的形狀、風向、整天裏不同的光影，明亮的星光，不同的月相。你會驚訝，光是曉得世界的活動，神就可向你深深說話了。散步本身叫人喜悅；我發現每天這樣反省地散步，已是無價的退修。若不容易散步，天氣又不太容許時，可用點時間坐在窗前，讓窗外所見的進入靈魂，說出它的意義。

在**日常生活的退修**裏，你也值得在每天某個時刻，用點額外時間到受造的世界。在緊張的日常例行工作裏，到花園去、在公園幾分鐘可助你恢復洞察力。用幾分鐘凝視睡著的兒女；與年長親人坐在一起；與家裏的貓狗一起，欣賞使牠們「與別不同」的一切；用點時間別出心裁地擺放幾朵花；為家人做飯時，反省自己實在做甚麼；離開辦公室五分鐘，繞停車場走走；額外花點時間與一位朋友、配偶或兒女好好消磨一段時間——在酒吧鬆弛一小時，吃一頓特別的飯，可作為日常生活的退修之一，像你專心禱告那樣，均吸引你超越自己的「王國」，在周圍世界發現神的蹤迹。

我要怎樣禱告呢？

尋求神的人都有自己禱告的方法。用你感到最有效的方法，「用你懂得的方法禱告，不是用不會的」。不過，新的禱告方法可能在退修時出現，或你想嘗試從未試過的。你若正尋求新的禱告方法，與退修指導談到這方面。他或她可能給你建議新方法，不是你一向採用的有問題，而是為你打開新門戶，你可能或不會嘗試。退修時間最好用來探索新東西，比方想像式默想或用經文禱告。本書末建議一些繼續深入禱告的書。

反省你的禱告

尤其在退修時，「禱告」是特別去反省：經過一段時間禱告，你在禱告裏有甚麼感受，發現心裏有甚麼動向，禱告似乎有關甚麼，可能帶你走向哪兒。

通常較難在日常生活裏找到些時間禱告，更遑論反省禱告的成果，但在退修時就不同了，你有的是時間。你騰出空間來製造時間。無論你是在日常生活退修，還是與世隔絕去退修，都不能太強調這種反省。那是蒐集禱告的果子，把它們結合到生命裏。

這種反省是使你更意識到神在生命裏的作為，並你怎樣回應。你在反省時要留意以下事情：

- **我在這段禱告時刻有甚麼感受**？我與自己、與上帝和諧，與裏面的真我共鳴嗎，還是感到受騷擾、不安、分心呢？我「調校到存在的核心」，還是感到許多干擾？時間過得很快，還是我掙扎著「使自己專心」？無論你反省時留意到甚麼，不要評論它。只管曉得有它們，也許與**禱告同伴**分享你的反應。禱告時出現這些細緻感受，跟著反省它們來自甚麼地方，會助你分辨甚麼吸引你親近神，甚麼往往拉你走得更遠。
- **我用來禱告的焦點**（或許是一段經文、想像福音的情景來默想、回顧過去事件及反應），**是否特別感動我**？留意甚麼使我有反應，無論那是正面還是負面的。強烈反應反映你心靈（聖靈住在那兒）指出對某些東西有興趣，輕推你更深入看看，可能會帶去你第二段的禱告時間。

- **我活在世界中，禱告出現的感受，與我人生發生的事件，或與世上的事物有關連嗎**？用經文禱告，尤其最能使我們發現：神的行動及價值觀與我們日常生活的經歷及需求間的關係。我們開始把這些結連，活出它們的果效時，禱告就真的開始使人不同。
- **禱告啟發我或特別挑戰我嗎**？要具體說明，也許寫下你發現的。譬如，對某個問題感到不安，可能是神邀請你改變心態或行動。有段時間深刻經歷到禱告的平安，可能使你有新的角度和睿見，或助你更深曉得自己真是神所愛的，是神創造裏的珍寶。
- **禱告裏有甚麼最重要呢**？我最想感謝神在禱告裏賜下甚麼恩典呢？我想回到甚麼事上去呢？
- **想與禱告同伴分享這段禱告時刻的甚麼呢**？你要寫下想在下次見面時告訴對方的東西。這會在兩方面幫助你：鼓勵你集中禱告真的對你最重要的；使你充分運用與指導見面的時間。

調校自己的速度

有人想去退修，等了很久，成行時往往「帶了」許多禱告去。我們要抗拒這試探。退修時間愈長，就愈要「調校」

自己，避免身體靈性皆耗盡。一個週末退修頗像衝刺，八天退修像中距離賽跑，三十天肯定是馬拉松。每位運動員都知道，你若以衝刺的速度跑中距離，結果必定糟糕。你要用時間鬆弛和反省，在那些日子保持平衡。

充分利用你見同伴／指導的時間

無論你是否與世隔絕參加**為個人而設的退修**，還是在日常生活退修，都會在固定時間內見退修指導。這些時間很寶貴：學會分辨神在你生命裏作甚麼，祂又呼召你作甚麼。以下指引或能助你確保這些見面時間會最有效：

- **準時去見面**。你的指導在當天會同時見幾位退修人士，他或她會指望你準時。你在**日常生活的退修**，若其中一次無法準時見指導，請在事前知會對方，好讓他或她再計劃時間表。
- **事前稍微準備**。重溫自從上次見面後，反省時在筆記簿寫下的。你愈能集中真正影響你的東西，就愈不會直到見面時間末了，說些無關痛癢的事。
- **只要你感到安全，可儘量向指導開放**。指導陪伴你，助你分辨神特別在哪兒與你同在，對你又有甚麼意義。雖然指導應能解讀人的身體語言，但不會解讀你的思想；所以你感到是甚麼，就說甚麼，不要投指導(或神！)所好來說話。指導在見面時不會說很多話，這不是對你所說的沒興趣，而是作好同伴，不打斷你的話柄。對方通常會在結束前說話，你要留心聽，要接受任何「真的激起反應」的東西。

- **見面時要留意時間的流逝**。是指導負責準時結束的，但你不要把最重要的東西留到最後五分鐘才說，也就幫上了一把；要記得對方見完你，大概還約了另一位退修人士，你若過時，別人就要縮短時間。

睡覺，作夢

你若住在退修場所，這是彌補睡眠不足的罕有機會，甚至打破睡眠的壞習慣。你現在退修，若喜歡，在早上睡多一點，睡午覺、早上牀或晚上牀，是沒問題的。許多退修指導會鼓勵你放鬆，在退修頭一兩天休息。人筋疲力竭不易禱告，而很多人來到退修時，已身心俱疲。

我們休息、放鬆和心靈願意時，最易在心裏聽到神說話，感到祂觸摸我們的生命。有時祂要「關掉我們其他接收器」，從旁說話。我實在遇到有人多年為解決人生某些問題而掙扎，當「沒有防衛」、甚至睡著時，就得到全新的觀點。這帶我們去到夢的話題上。你可能在退修時更多作夢，或更在意所作的夢。你要留意自己作了甚麼夢，若願意的話，可與指導分享夢境，可能神以此方法向你說話，也可能是你白天禱告，夜間在夢裏延續。

期望意料之外的

最後，帶著期望開始退修的每一天，但不會預期甚麼。你可能醒來後做個簡短禱告開始每一天，把一天和當天的驚喜交託，請祂帶領你每粒存有分子向著祂，擺上當天每時每分，請祂用來深化與你的關係。

延續退修的經驗

你可能帶著不安開始退修，但一天、一個週末、六或八天，甚至三十天後——去到退修末了，對暫時離開、現在要回去的日常生活有複雜的感受。人退修一段時間後，普遍都希望退修可以長一點。

我們不可能永遠住在退修場所，卻像暫時停留在綠洲。綠洲讓人休息，恢復精神，有滋潤的水和時間反省，好得著新角度、目標和力量繼續上路。我們怎樣帶著這些恩典回到世界，使我們有所不同地繼續上路？

每次退修都結出果子，惟有退修的人才曉得神賜下甚麼讓人繼續上路，這些恩典又怎樣在生活化為選擇決定。然而，有些一般原則助我們繼續走路——要記得退修後我們不是回到原路上，而是去到新階段。

使禱告活潑

在緊張的日常生活裏，你不可能像退修那樣有時間專心禱告。無論如何，你在退修時完全集中促進與神的關係。無論你是正式地以固定時間禱告，還是在花園散步，凝視景色，只是全心全意目前一刻，可以說是禱告編織了你的退修。回家似乎是痛苦地打破那模式。你也許感到絕不可能使禱告照樣活潑。

你可能說得對！明天你要回到工作與家庭、鄰居與社會的要求下，要在那一切之內找空間禱告。我離開退修場所，感到無法「與神親近」時，就反省耶穌的生活模式。發現福音書記載，祂經常擠出時間往安靜的地方、在禱告裏與神同在；也發現祂的日常生活十分緊張，多半時間周圍有羣眾喧嚷，要求摸祂，為祂的立場爭辯、聆聽、辯論和要求祂。

從這模式來看，我發現禱告似乎有兩個層面：一小段時間與世隔絕，完全集中在父神身上，絕大部分時間花在吵鬧的市集，活出在安靜獨處時發現的。為甚麼我們基督徒期望與主的模式有所不同呢？我們要這樣看，我們回應日常生活要求所花的時間(可能超過我們睡醒後百分之九十五)，不是使我們與禱告無關，而是禱告的果子在生活裏體現出來——化為真實世界裏的選擇與行動。我們自己也許不曉得這過程，但花在禱告的時間，實在靜靜地結出天國的果子。

所以我們要同時尊重禱告的兩方面：騰出時間安靜獨處，花時間單獨與神一起，然後讓那時間的果子溢出，灑在我們所作的每件事上。我們實際上要在兩方面迎接這挑戰：

- 定意圍繞某些安靜禱告時間來安排生活。我們要現實一點，最好計劃每天花十分鐘禱告，實際能這樣做，比計劃每天禱告一小時，結果卻「失敗」，而對自己灰心為好。
- 跟著開始那天生活，處理眼前每件事，學更曉得：我們與神一起的時間以各種方法塑造和影響我們每時每刻的反應和決定，可稱這為要繼續反省。

你也要記得，那禱告也可以是個持續過程，在我們所經驗的一切事上，每天曉得神同在。除了「正式」禱告外，我們還有很多方法禱告。本書末了介紹一些書，教你怎樣全面及有彈性地禱告。

反省地活著

我們每天若花幾分鐘回想當天發生了甚麼事，就可接觸到這有動力的反省過程。每晚花幾分鐘做這練習，就可大大增強禱告在生活裏的果效。人人都用自己的方法反省，但以下問題會有幫助：

- 我「再思索」一天的故事時，有甚麼特別重要的事衝向我？我們會同時想起好與壞的往事，兩樣都同樣重要，都可能指出神在我們生命裏的行動。
- 我怎樣回應這些事件或人際關係呢？現在事後反省，甚麼反應來自最深入最真的自我，甚麼反應是被「驅使」，或許是自己的恐懼、膚淺的渴望，甚或是別人的意思呢？
- 我要承認有甚麼是反應不足，要求神醫治呢？我要把甚麼未完成的事獻給神？我受感明天要說或做甚麼，來矯正今天作錯了的、醫治所傷害的？
- 今天發生了甚麼好事？我要怎樣表示感謝呢？我要怎樣與別人分享，使別人也得著所賜的生命呢？
- 今天我禱告特別集中甚麼地方？盼望、渴望或夢想塑造我的禱告，今天它們怎樣了？有時因為我們沒有時間這樣反省，就沒有留意神微妙地聽了禱告。

這種反省會逐漸化為習慣，最終會滲透我們所作的一切，以致反省禱告持續地成了反省生活。

花時間活著

退修是神邀請我們成為完全。在退修那與世隔絕的環境裏，我們很容易意識到甚麼幫助我們變得完全。回到家裏，我們會感到所有「完全」似乎再次瓦解，要掙扎「黏住」生活裏的七零八碎。然而我們不必如此。我們可探索日常生活裏很多方法，回復合一的身、心、靈。我們若能把這些方法建立為日常的生活方式，就更易滋潤意識和反省的心，帶我們回到存在的核心。以下是幾個例子：

- **經常抽點時間，再與周圍的自然世界聯繫**。只須在花園走五分鐘；沿著去郵局的路走；用幾分鐘安靜望窗外的景色，看看日落，聽聽下雨的聲音，讓自己意識到風暴、風或雲聚集起來的可畏。在退修裏，與大自然的關係幾乎是第二天性。你回家後不必與它們失去聯絡。
- **擇選幫助你鬆弛的東西，養成為每週的活動**。或許你喜歡聽音樂，那麼就選最喜歡的鐳射唱片，全神貫注地聆聽。你若喜歡閱讀，可每月一次讀一本新書，每星期給自己一些時間去看。你若選擇較活躍的，經常定一些時間去享受你喜歡的運動或消閒活動。這些都幫助你重整角度來看每天掙扎的生活。也可成為靈感來源，是發現聯繫的地方。
- **正如你在退修時更曉得吃甚麼**。多花幾分鐘來吃飯，你可在吞下食物前嘗到是甚麼味道。像在退修時，鼓勵味覺敏銳。留意你周圍的味道、感覺和聲音。
- **你若在退修時有寫筆記，要時常再讀**，考慮保持這種寫內在旅程的習慣，以圖畫或符號來表達禱告和反省裏出現的東西。你覺得自己不會寫作或繪畫都不要緊，這些記錄只給自己看。在過程中出現新的聯繫，可成為另一種禱告，而寫作或繪畫就會自然出現。

化默觀為行動

許多人發現退修使他們想起特別問題，可能使他們感到特別受挑戰。退修剛過，你值得花一兩小時安靜反省，甚麼是退修最大的果子，試試回答類似以下的問題：

在這次退修裏，我學到、或神在我生命裏暢談甚麼最重要的東西？

現在帶這「最重要東西」到禱告裏。或許你已感到那對你有甚麼意思，你可怎樣繼續禱告。那麼現在就實行你心裏所想的。

- 例如，在禱告裏想起一段關係，你感到神呼召你跟著要為這段關係作甚麼呢？
- 若生命裏出現新方向，你要怎樣把它們實行呢？
- 若周圍世界的需要成了最重要的，感到神呼召你以甚麼角色來處理那問題呢？
- 你若得到新的睿見，你要怎樣繼續提煉，或許是與別人溝通？
- 你若有任何解決辦法，你要怎樣付諸實行呢？

最好是草議實際的行動計劃，要特別留意用甚麼方法把退修的恩典化為行動。但要實際，最好集中在一件事上，結合到生命裏，盡全力使它成就；而不是改變一連串行為和心態，分散了精力。

我可以用三條簡單問題總結反省退修的過程為：

- 在這次退修，我帶走了甚麼呢？
- 那是為誰或為了甚麼？
- 我要怎樣把它化為事實呢？

持續的旅程

退修後，永不可能像之前那樣生活——雖然你常感到退修是以前的事。你可以考慮以下的主意，來幫助繼續活出退修的好果效：

- 找「靈友」或屬靈同伴／導師作伴（參第四部分**靈友**看詳情）。你定期見一位同伴，分享持續的旅程，對方會親切地聆聽接受，不低估你所領受的恩典。你若試過為個人而設的退修，就會知道有人陪伴走心路歷程的可貴了。「靈友」讓你退修後多年，繼續從那恩典得益。
- 考慮加入**分享信仰聚會**、有同樣心志走天路的小組。小組作伴會給人很大的屬靈支持，又給人空間成長和分辨是非。
- 你那兒若有**屬靈網絡**，可去看看它們作甚麼，有甚麼精神和目標，或許加入成為網絡一分子。
- 試試新的禱告方法——或許是指導在退修時建議的，或繼續閱讀建議的一本書所告訴你的。
- 使你的靈修「踏實」，經常檢查你有多少與所住社會、住在你那兒的人或受造世界的需要互相影響呢？若默想只影響你個人，不會在外界化為行動，就不完全忠於感動它的福音了。

- 考慮將來有時間再退修，大概使它成為人生旅程的固定部分。

退修聯會的工作

退修聯會為有興趣去退修的人提供資源，也統籌新工作和維持網絡。它有以下工作：

- 回應個人的要求，介紹他們與本地人聯絡，幫助他們走上自己的旅程。聯會維持一個地區性的接觸網絡：它們熟悉本地不同的屬靈指引，可按個人知識提供建議。
- 為那些想學作禱告指導和屬靈同伴的人提供資料和訓練。
- 每年出版《退修》，和一系列有關退修運動的單張。
- 以電話、傳真和電郵提供建議，有網頁提供相關資料。
- 招聚參與退修運動的人，參與每四年舉行一次的會議。

聯會有以下會員組織：

推廣退修聯會（Association for Promoting Retreats）（主要是聖公會）

浸聯會退修會（Baptist Union Retreat Group）

循道會退修會（Methodist Retreat Group）

全國退修運動（National Retreat Movement）（主要是天主教）

貴格會退修會（Quaker Retreat Group）

聯合改革教會安靜及退修網絡（United Reform Church Silence and Retreats Network）

你若想支持退修運動的網絡，要得到進一步資料，第一步是加入你感到最適合的會員組織。它們各自有網絡，組織一系列活動。你作了任何一個組織的成員，都會收到《退修》的。你也可在多半宗教書室買到《退修》。

本書末了列出不同會員組織和退修聯會的聯絡地址。

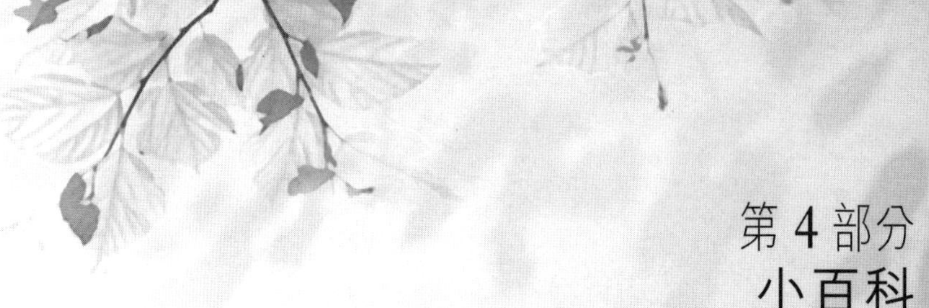

第 4 部分 小百科

我以小百科的形式來寫本章，按英文字母次序編排一系列題目，在本書其他章節裏，本章的各條目是以粗體字出現，相互參考的，其中描述特別類型的退修，概述人可期望這樣的退修會有甚麼內容，指導陪伴的時間與收費，可在哪兒找到更具體的資料等。其他條目解釋退修界某些普遍術語。

基督生活團

基督生活團受羅耀拉靈修法啟發而組成。有人想在生活裏體現福音的價值觀，基督生活團就運用羅耀拉的原則幫助人成立小組，並促進小組成長。

每個基督生活團在本地定期聚會，分享靈程，互相幫助更認識基督，曉得祂要求我們怎樣活。

你若有如下情況，基督生活團可特別幫助你：

- 你想從信仰得著更多；
- 你想深化信仰，並在日常生活表現出來；
- 你想更有效結合整個人生與豐盛的基督教信仰。

基督生活團有男有女、已婚單身、不同年齡、各種宗派，人人都想深化禱告和作基督門徒。組員互相陪伴走天路，也曉得屬於地區的、本國或國際性的基督生活團，可與更多類型的人相聚並分享經驗，並與基督生活團其他人一起退修。

每地區的基督生活團都是獨立自主的，自行理出甚麼形式的聚會最適合自己的組員。然而，總會按會員要求，會給予精彩的資料：建議人在聚會前後怎樣獨自禱告，輔助禱告的材料、幫助人反省的問題、引導人怎樣充分利用聚會等。會員要求時，總會可派出該國牧師、工作人員和推動的人去協助發展，但不會勉強人接受他們的想法。經常在地區舉辦反省日，會員每月會收到《焦點》月刊。

本地的小組一般每兩週在會員家中聚會，通常會一同禱告、分享聖經內容，分享自上次聚會後的禱告經驗，一同喜樂，也支持彼此面對難處(但不是要「解決」別人的問題！)。我在**分享信仰聚會**條目下會再描述其背後的原則。

退修的日常程序

許多準備去退修的人想知道典型的一天是怎樣的。由於每間退修場所都有自己的程序，又沒有兩個退修是相同的，所以舉出兩個有關方面怎樣安排退修的一天，可能對退修人士有幫助。但請記得：

- 以下只是些例子；
- 為個人而設的退修沒有任何固定時間表。你是自由人，可選擇不吃飯、出去遠足，隨心所欲地用時間。

為個人而設的退修典型的一天

07:30至09:00	早餐
09:00至12:00	自由時間
12:00至12:45	每天的聖餐
13:00至14:00	午飯
14:00至16:00	自由時間
16:00至16:30	下午茶
16:30至19:00	自由時間
19:00至19:45	晚飯
20:00至20:30	一同晚禱

當局會安排你在其中一個「自由時間」見指導。

你會發現有頗多自由時間隨心所欲。有些肯定是用來禱告反省，但最好也用些時間來休息和鬆弛，也許是去散步。

有主題的退修典型的一天

07:30至09:00	早餐
直到早上10:00	自由時間
10:00至11:00	退修指導講話
11:00至12:00	個人禱告反省
12:00至12:45	每天的聖餐
13:00至14:00	午飯
14:00至16:00	自由時間
16:00至16:30	下午茶
16:45至17:30	退修指導講話
17:30至19:00	小組分享或公開講座
19:00至19:45	晚飯
20:00至20:30	一同晚禱

正如以上時間表反映，有主題的退修較少「自由時間」，但也頗有彈性。有時退修會負責人只講一次，最多兩、三次，可能只在晚上講，讓人在整個下午都自由。

有時每次講座之間嚴格禁止人作聲，有時則不是。

我要強調在退修期間，除了要有一般禮貌、尊重別人要休息及安靜外，凡事都可選擇。例如，你想不吃某頓飯，為免浪費食物，應事前通知有關方面。雖然聚集一起禱告，常使退修人士很有力量和團結，但你沒有責任參加每天的禮拜或禱告。

你若是「貓頭鷹」不慣早起，就會驚訝晚上十時後(有時甚至更早)，退修場所已是十分安靜。為了其他訪客和住宿人士，你要在夜裏保持寧靜。場所通常會有個小「水吧」，在日日夜夜任何時間，只要輕手輕腳，即可為自己弄杯咖啡奶茶。

九柱圖退修

九柱圖是口述傳統，大約一千五百年前在東方發展，二十世紀初傳到西方。多個世紀以來，原是東方傳統神祕主義者運用，今天在西方愈來愈流行。人們曾廣泛使用這方法，證明有好果效，乃是更清晰了解我們的性格，早年生活怎樣影響我們選擇及與人相處；同時也讓我們看到，每種性格可用甚麼最有效的方法成長，又在甚麼情況下會受壓倒退；很有用處。

這方法以圓圈形式帶出九種基本性格，每種性格都與旁邊兩種有關，分別代表「走向成長」或「走向倒退」。整個圓圈也分為三段，代表三個「中心」(分別是「心」或感受中心、「頭」或思想中心、「肚」或本能中心)。

九柱圖退修(可用一段時間進行，但不住宿；住一個週末或更長時間)探索九柱圖的睿見，發現你性格的實情。我要強調九柱圖是口述傳統，不是可從書本看到，而是曾受訓又實踐的人解釋傳統所說的，逐一看每個性格類型及他們的傾向。然而，這不是練習把人「粗略分類」。九柱圖有很深的奧妙智慧，實在很能幫助我們明白人為何那樣反應，說出某個性格的特質和早年受了甚麼薰陶。

有時有關方面會在較長的**為個人而設的退修**裏帶出九柱圖，讓退修人士藉**退修指導**的幫助，在禱告裏更深入反省，好能在生活的真實事件和人際關係裏，確定剛發現的睿見。

因為需要專家帶領，所以九柱圖退修比一般退修稍貴。你可在《退修》找到九柱圖退修的詳細資料。

分享信仰聚會

有本地同走天路的小組支持，很影響許多基督徒的靈程。這類小組可發揮多種功能。很多教會有禱告小組；愈來愈多家庭小組更深入探索信仰問題；許多教會及組織流行查經和討論小組。

「分享信仰小組」有何不同？你若參加又期望甚麼呢？

- 分享信仰小組總是分享組員經驗到神在生命和心靈裏的作為與動向。要在不受威脅的環境裏分享，就要實踐幾個原則：
- 每位組員從一開始就清楚明白：要確保能完全為每件分享的事保密，且接受這是無商量餘地的。
- 小組提供一個「安全空間」，人人都可按著心意儘量，或有保留地分享。為了達到這目標，多半聚會是讓每位組員傾吐想分享的每件事。一人分享時，其他人「積極聆聽」，全心聆聽當事人所說的。積極聆聽是不批評，親切接納對方所說的。
- 一人傾訴了，之後會有短暫安靜，大家尊敬及用禱告接收那人所說的。沒有討論，不嘗試「矯正」那人，或建議怎樣解決問題。沒有爭論或質問，也不打擾正說話的人。

- 人人均分享後，若大家喜歡的話，可分享較一般的事，但仍不討論或嘗試醫治。這種聚會的精神是用心、不是用腦運作，所以不准討論。我們走天路時，在查經小組裏要運用理性邏輯討論，但分享信仰小組是「心對心說話」的地方。
- 我們可能一同默禱或開聲禱告來結束聚會，然後喝杯咖啡奶茶鬆弛。通常在組員家中舉行聚會，最理想是輪流做主人和主席。

若不討論，又不提出解決辦法，分享信仰聚會為何能那麼幫助人呢？不管怎樣，某程度來說，我們相信：即使其他天路客「腦」裏不同意我們所想的，仍無條件地愛我們，給我們空間，讓我們表露真我。在這樣的小組裏，最理想是互相付出神無條件的愛和接納，讓彼此更完全成長為真正的我。我們一旦「修理」別人，實際是說(以交互作用分析用語說)「你有問題！」就與分享信仰的精神背道而馳；後者假設「我很好，你也沒問題」。

這樣在小組裏分享信仰歷程的人，常形容他們是「走在聖地上」。人家准許我們走在他們最深經歷的聖地上，我們「就要脱鞋」，敏鋭地行每一步，且默然不語。我們沉默是尊重人家給我們恩典，能一瞥他們存在的核心，就是神居住之處。

初次退修

現時許多退修中心特別為從未退修的人安排退修。「標準」的住宿退修往往持續六或八天，「初次退修」通常較短——也只有三、四天，或只有一個週末。整個意念是讓初次參加**為個人而設的退修**的人，在寧靜，或近乎安靜的環境，嘗嘗專心禱告反省的滋味。尤其人習慣了環境或工作間的嘈吵和苛求，初次退修會感到「文化衝擊」，恐懼「我怎能禱告那麼長時間？」、「我怎填滿那段時間？」或「我怎樣面對寧靜？」

舉辦初次退修的很明白這些焦慮，常會助人處理這些問題。比方，指導會建議你怎樣安排一天的活動，好好平衡休息、禱告和反省。也會提議你嘗試新的獨自禱告方法。

比起正常情況，初次退修的人通常有許多時間與其他退修人士一起。常與人一起反省退修過程的各方面，就打破了寧靜。你可與小組的人分享感受，但不是被迫那樣做。

《退修》會特別指明哪些是「初次退修」。你若正尋找這個，去瀏覽名單，直至找到吸引你的；你可能想聯絡該退修中心詢問詳情，別猶疑詢問對方退修是怎樣進行的，在正式報名前，要確保那正是你想要的。

在日常生活的「初次退修」，除了**禱告同伴／禱告指導**特別留意你是初次退修，會特別引導你，你若要求，會教你怎樣充分利用退修外，形式與正常的**日常生活的退修**一樣。因為這方式發展迅速，你會發現許多人是初次在日常生活這樣退修的。

為個人而設的退修

「為個人而設」(lndividually given) 或「有專人引導」

(Individually guided) 可能嚇怕準備去退修的人。你若只聽到它的簡稱IGR，就會更恐懼，懷疑是甚麼驅使你參加這類活動。

為個人而設的退修通常 (雖然不必) 在安靜中進行，在你退修的日子，有人以特別形式陪伴你禱告，會定期與你單獨見面。住在退修場所的，通常是每天見面一次，有時可減少見面次數。在日常生活的退修：在一週的退修裏，你們會每天見面；長達數星期的則會每週見面一次。

我首先要說，這位同伴是熱中禱告的人，對人有同感，盼望與你一起走退修的旅程，明白有何等特權才被邀分享別人的神聖故事。你若想知道這位作同伴的是怎樣的人，他或她在退修扮演甚麼角色，請瀏覽「**退修指導／退修導師**」和「**禱告同伴／禱告指導**」條目。

你還未去到退修場所，同伴已為你禱告，預備你到來。在開始退修時，有關方面會告訴你，誰是你的同伴，到達後不久就會親自見到對方。他或她大概會建議你怎樣安頓、鬆弛、只管享受這經驗，大約給你一些經文或其他材料，讓你在退修第一天專心輕輕禱告。你們見面時，會安排以後幾天在場所見面的同一時間，日常生活退修是在每週同樣時間見面的。

在為個人而設的退修裏，退修人士與指導見面是一天 (週) 日常程序裏的里程碑。多半人迅速等候見面時間，蒐集前天 (週) 禱告的果子，又專心向著前面的最好方向去。你們一起分辨神似乎在你禱告裏作甚麼、甚麼對你似乎重要、甚麼挑戰和選擇開始成形。分辨過程單單屬於你，但同伴可向你再說出似乎是你分享的核心。是你唱出心裏的歌，但同伴能回響歌曲的主要和絃。你若焦慮不知要與對方談甚麼，可閱讀第二部分「我要與退修指導談甚麼呢？」

有時不太需要談話，見面時間可以頗短。有時你需要頗多時間空間向指導自由自在地談到重要的問題。要記得你完全不會被迫談話。他們只是在一個空間裏作聆聽者，接納而不批評，你可與對方一起探索想要探索的。你去退修不是參加課程，不是要達成甚麼，他們對你「沒有期望」。這種退修是「個人」的，是兩個人面對面分享，也是「給予」：不是課程、不是計劃方向、不是禱告時間表，而是「給予」空間、時間、全心聆聽，恰當的話，溫柔地建議怎樣繼續在明天與神上路。

你的指導也會定期見監督，提供**監督**只是要有個空間，探索在陪伴人的過程中，自己心裏升起的感受或反應，完全不是關乎與你之間出現的事，他們會為你分享的每件事牢牢保密的。

在退修尾聲時，有關方面會請你用評估表，評論你在過程裏發現的。可能的話，請利用這機會。退修人士說出所經驗的，很能幫助退修指導和主辦當局。

茱利安聚會／靜默禱告小組

自從耶穌常在荒野獨處，早期基督徒隱士效法祂，默觀禱告就成了基督教傳統，然而，一直到近代，主要是修道團體實踐。

二十世紀下半期，人對東方神祕主義大感興趣，西方基督教才開始曉得西方傳統極其忽略了實踐默觀。一九七三年興起一個運動，平衡這方面，英國有十一個地區的人成立默觀禱告小組，成了第一批茱利安小組；三十年後的今天，英國有超過四千個茱利安聚會，全世界也有愈來愈多。

茱利安聚會取名自十四世紀神祕主義者諾域治的茱利安。茱利安夫人是默觀禱告的模範。有時聚會讀她的著作，但決不是崇拜茱利安夫人。

這些聚會是要「在基督教傳統實踐及教導默觀禱告」，反映茱利安夫人認為禱告的最高境界是等候神。

參加茱利安聚會的人通常是自身教會的活躍分子，雖然也有些人沒有正式參與基督教會。這運動安排本地及地區性寧靜日或退修，和一年一度全國性退修，讓不同聚會的人相聚分享經驗。

小撮義工確保會有人回應查詢，會寄出定期的(每年出版三次)《茱利安聚會》及其他雜誌。茱利安聚會沒有聘請員工，也沒有辦公室。

茱利安聚會是一起安靜禱告，參加者發現這很能幫助他們安靜在神面前。獨處常圍繞默觀生活，聚會的相交則調節人的心靈。兩三個人聚集，幫助及擴大禱告裏的安靜。你可在聚會裏分擔禱告的問題，別人鼓勵，也會使你得益。

不是在組員家中，就是在教會或附屬小禮堂舉行聚會。也許讀一段簡短經文，播一些音樂，肯定會有半小時安靜禱告，之後會喝咖啡奶茶及交談。他們用自己的方式安排聚會，沒有人教導你們怎樣默想；倒鼓勵人找適合自己的東西，並把默觀禱告結合到日常生活裏。

你只需付上微不足道的金錢來訂閱《茱利安聚會》及得著英國茱利安聚會的名單。你要求時，有關方面會免費把附近茱利安聚會的詳情寄給你。

以下是其他讓人一起安靜禱告的組織：

「基督徒默想」

「默觀禱告團契」

「聆聽我們的寧靜」(專門運用「卡都派修會」的禱告)

「王者基督的僕人」

有關上述詳情，請聯絡退修聯會，要求**靜默禱告小組**單張。

邁布二氏類型指標

邁布二氏類型指標(Myers Briggs Type Indicator；簡寫為MBTI)讓我們看到自己往往怎樣做事，就明白自己怎樣做決定及與人建立關係。它是按著容格的心理學衍生出來的四個取向，把人似乎表現出與生俱來的傾向分類的，乃基於：

- 外向與內向性格基本上的分別
- 人認知和判斷的兩個基本過程
- 認知的兩極：憑感官與直覺
- 判斷的兩極：思考與感受

人的性格傾向分類表裏哪一類型，最後綜合起來就得到四字母的性格類型指標。由一位曾受邁布二氏方法訓練的人帶領，藉著一連串問題評估，來決定人是甚麼類型。

邁布二氏退修是進入這過程。首先聽人解釋過程本身，然後回答問題，最後反省這些睿見怎樣影響我們行事為人。

像**九柱圖退修**那樣，邁布二氏的方法不是要把人分類，或概括地談到某種性格的人會有怎樣的行為舉止。乃是使我們更深看到自己往往怎樣和為甚麼那樣回應，或許更重要是更明白人，曉得人人都有獨特的天分。發展邁布二氏法有趣的一面，是我們深入結合心理與靈性時，會發現屬靈生活的情況，叫我們愈來愈多運用性格中被忽略的部分。

因為需要專家帶領，邁布二氏退修比一般退修的費用稍貴。你可在《退修》看到哪裏有邁布二氏退修，並那些退修的詳情。

公開退修

公開退修包括：

- 連續九星期、每週與其他退修的人一同出席兩小時的聚會。有關方面要求你準時出席所有聚會，除非有不能預料的情況出現。
- 承諾每天最少花十五分鐘獨自禱告反省。
- 願意與小組分享那星期的禱告經驗。
- 同意完全為小組聚會中所分享的一切保密。

通常由兩個人一組來帶領每週的聚會，這兩個人本身曾參加公開退修，又曾受訓。兩位導師會與你們一起退修，分享自己的禱告經驗，並生活以基督為中心會遇到的考驗。

若有需要，導師可個別幫助組員，也會帶領聚會，敏銳地聆聽所有分享的心聲，鼓勵所有組員繼續進深。

第一次聚會像一般聚會：介紹整個過程，讓你大概知道可期望甚麼。跟著一週你可反省是否想要這種旅程，你若感到現在不想這樣委身，或有任何理由懷疑，完全有自由在這時候退出。第一次聚會就是給你時間反省，有自由不繼續下去。

你若決定繼續，跟著七週會詳談與神同行的某方面：例如，神創造的愛、寬恕的愛、神邀請和挑戰的愛等等，他們會派一套講義給你，建議你在跟著的日子怎樣專心禱告，包括聖經經文、啟發你的資料及引導你作各種禱告的方法。最後一次聚會是回顧過去，反省得著和分享恩典。

有關方面會收取少量費用，僅用來彌補提供公開退修的講義和導師的車馬費。如有需要，有關方面有時可提供援助。

退修聯會可提供聯絡地址，讓你取得更多資料。

禱告同伴／禱告指導

你在退修場所、或更普遍地參加**日常生活的退修**、「一週被人引導禱告」時，也許知道「禱告同伴／禱告指導」是退修指導或同伴的代名詞。禱告同伴是你路上的夥伴，「**退修指導／退修導師**」條目下所說的，同樣應用到禱告同伴上。像「屬靈導師」那樣，人誤用了「指導」一詞，因為無論禱告同伴作甚麼，他或她都不是「指導」或「引導」你禱告。

「禱告同伴」往往是平信徒——曾受聆聽技巧訓練，全心全意聆聽，對別人的信仰旅程有共鳴同感，但不加以批評。多半禱告同伴有正常工作、要持家及照顧家人、或者是退休人士。除了有每天生活的責任外，他們常以義工姿態獻出時間作退修指導。他們通常沒有受過「專業」的靈修、輔導或心理學訓練。許多時像你那樣與生活問題搏鬥，只是作個聆聽同伴。

有時人用「禱告同伴╱禱告指導」來區分兩類人。只陪伴或指導退修人士禱告一週（或數週），與較長時間持續在靈性方面陪伴人（另參**靈友**）是不同的。

英國有幾個中心訓練人作禱告同伴，人通常要上八週或以上的晚上課程。課程講解積極聆聽的原則，又深入實踐，探索靈程的主要方面。有關方面通常會要求學員最少有一個週末住在退修場所，體驗一下在短暫的退修裏陪伴別人，又讓一位同學陪伴自己退修。有關方面最理想是請有這方面恩賜的同學加入為受訓學員，組成一隊禱告同伴，在鄰舍中提供「活潑」的日常生活退修；也提供跟進的訓練，有時提供更深入課程和實際訓練，其間監督學員。

寧靜日

寧靜日可以是任何形式，但總給你平靜反省的空間，通常有某種信息助你找到內在的平靜，用某種方法深化靈命。

寧靜有以下數類：

- 通常由一位講員或退修會負責人圍繞一個特別主題作短講或幾段演講。這樣「有主題的一天」開始時有一段短暫安靜時間，幫助參加者安頓下來。之後會有演講，跟著讓人私下反省、和／或小組分享、或公開討論，讓人發問或評論。
- 只是提供一個安靜地方，沒有信息，頂多有段領禱時間。你若喜歡，可與人個別傾談。
- 做一個特別活動。可能教導或引導有關活動及其屬靈層面。可結識到很喜歡這活動的人。
- 所謂「嘗試日」，例如讓你嘗試新的禱告方法，極好地介紹個人的禱告方法；你若初次想到退修，這是開始探索的好地方。

最好瀏覽《退修》，看看有甚麼提供，來找適合你的寧靜日。你大概會感到實在有太多選擇了。

一般「寧靜日」是從早上十時到下午四時，費用相差頗大，從小至四英鎊到多至二十英鎊或以上。這在乎它包涵甚麼(有些寧靜日有晨早咖啡、午餐和下午茶及租用場地與邀請講員的費用)。假使不提供午餐，你就要自備，或帶食物來，與其他人一同分享。

很多用作寧靜日的中心，歡迎人只短暫「順道為寧靜造訪」，然後離開上路。

每年六月第三個星期六會舉行全國的寧靜日。人可能未想過用一天來寧靜，但可利用這機會體驗寧靜地默想。請在那段日子看看本地會有甚麼特別活動。

寧靜園

寧靜園基金在近年開展特殊的接待事工。這基金在一九九二年出現，支持及鼓勵人開放自己或大或小的家園，歡迎人尋找安靜、獨處、反省空間，與同心的人不拘謹地一同安靜。羅德里克牧師 (Rev. Philip Roderick) 最先倡導，現在傳到很多國家。澳洲、博茨瓦納 (Botswana)、巴西、加拿大、海地、印度、愛爾蘭、以色列、肯尼亞、新西蘭、南非、烏干達、美國、贊比亞及遍佈英國的家園主人願意接待人。有幾個退修場所隸屬寧靜園運動。詳情請參閱《退修》。

人在某些日子打開家園接待人，有些多至一週兩次，有些可能一個月一次，讓人在那裏安靜退修，有時有人引導及提供焦點，有時只是給人安靜的空間。每個園子都自行決定怎樣安排接待的事宜。通常從這樣一天受益的人會受感動，也開放自己園子作同樣用途，就使運動傳開去。

羅德里克形容這些地方有各種情況安靜接待人：

> 人可在各種不同場地找到英國的寧靜園：郊區的小家園到八十畝農地、靠近迪爾 (Deal) 海邊、屋前有小石灘、到約克郡改建自穀倉的。它們均可作禱告地方。在壁爐旁或在園子裏，會分享所關心的事、說故事，並支持人禱告。

寧靜園歡迎任何人。像泰半退修活動，這事工超越宗派。今天許多教會在週日鎖上門；幾個退修場所被預訂爆滿；或地點太遠；或人經濟不許可；寧靜園是人與神安靜同在的另一個好方法。

退修指導／退修導師

你決定了——不論是住在退修場所，還是在日常生活，選擇**為個人而設的退修**。誰會作你的指導？你專心禱告時，誰會一路上陪伴你呢？他或她是怎樣的？

即使經常退修的人，在退修前總會稍微憂慮誰會是指導，彼此又如何相處。你若想像這位「指導」或「導師」是奇人，知道所有答案，在禱告生活或信徒生活裏從沒行差踏錯，就大錯特錯了，不過，我們是會諒解的。

我們若可以，就刪去「屬靈導師」一詞。沒有人會「指示」你，你所走上的旅程也不完全「屬靈」，而是關乎整個你。「指導」只是陪伴你，聆聽你想分享的，無條件接受和肯定你（但不會討好你！）這肯定是同儕關係，絕不是作你的權威。我要再說：與神相遇時，只有一位作你指導及導師，就是神的聖靈。退修指導與你一起，只是向你反映似乎有甚麼事發生，助你分辨聖靈在你生命裏的作為。

你會在退修第一個聚會認識指導，不是在日常生活退修的開會禮，就是住在退修場所的第一個晚上。通常你不能選擇指導，若真的感到安排錯了，當然可說出來，請負責人考慮換人。例如，你在某些場合認識了指導，就會有這種感覺。請記得退修一旦開始了，就很難再安排指導與另一位退修人士配對。

你若在事前曉得「指導」的一般情況，或許會更安然：

- **退修指導也是退修人士**。他們通常會定期退修，與「靈友」或「屬靈導師」分享靈程，也有「監督」(參**監督**條目)。人經常去退修，與人分享禱告生活，就會明白你緊張地期待退修開始時的心情。
- **多半退修指導是「意外地」扮演這角色**。人不是一覺醒來，就決定作退修指導的。通常他們與神同行時，發現有很大考驗和喜樂，又渴望幫助人在信仰裏成長。有這樣心志時，他們會更深追求，也許是參加課程來學習更專一聆聽：神在自己心裏的聲音、神怎樣在別人心裏行動。他們通常發現是人找他們，很多時是非正式地，分享屬靈追求的事情。然後，在計劃退修會時，負責人找願意幫助的人加入隊工，成為「同伴」或「聆聽者」。他們常驚訝被人安排到「退修指導」的角色上去。
- **所有退修指導都要受訓**，培養聆聽技巧(你若想確定這一點，可致電有關退修場所查詢)。有關方面在訓練時會強調幾件事。最重要是絕對保密，確保你與指導所分享的不會傳出去。還要培養同感心，學習「設身處地」，總嘗試從你的觀點看，代入你的處境感受。他們不會批評，只會無條件地接納歡迎你。你想說甚麼、表達任何觀點與感受都可以，不必怕冒犯了對方。

訓練最後一方面是教指導捕捉你正說話(或你沒有說)的時刻，似乎反映深入感受、強烈反應、或內裏的活動，那個時刻出現而你又正說話時，就向你反映。這特別有助於為你打開現在可安全探索的領域。除非我們聽到自己說了甚麼，否則我們不知自己想說甚麼。指導是助你聽到自己說了甚麼。

- **指導難免有錯**，可能也正與或大或小的信仰問題掙扎。最好的指導總是本人曾最受傷害。指導不是「總能振作，把事情弄妥」，而是明白崩潰時有甚麼感受，並向神降服，願受再造。你們甚至是潛意識崇拜指導，也是沒有意思的。退修原是親近神，這樣做會使你們偏離目標，變成親近指導。看對方為也在途上的友人，也會被石頭絆跌，停下來欣賞風光。
- **無論指導如何有缺點，對方是敬虔的人**，認真看待你的禱告和靈程。對許多人來說，能與人分享與神同行的事，與有「同感」的聆聽者同行，是頗新鮮的經驗。
- **最後，退修指導或男或女、平信徒或神職人員、任何年齡**(雖然一般人多半是在下半生開始參與這種事奉)、任何宗派、任何文化或種族背景。他們不是遙不可及的人！

日常生活的退修

在日常生活的退修是不必離家去住在退修場所，或丟下每天正常的責任；是用一段固定時間退修，深化禱告和靈命的一種方法。人常稱這種退修為被人指導禱告的一週(或多週)。

在**為個人而設的退修**裏，有專人陪伴你度過整段退修時間，日常生活的退修就是從這種方法演變而來的。人最常運用以下模式退修：

- 連續五、六、七天，包括每天見同伴或**禱告同伴／禱告指導**，被指導禱告一週。
- 擴大日常生活的退修為四、五、六星期，甚至更長時間，通常是每星期見同伴一次。

兩種均是在日常生活退修的方法，開始時歡迎所有參加者及他們的同伴或「禱告同伴」出席。這種聚會通常會有反省時間，又解釋退修是怎樣進行的，在會上認識你的指導，並安排日後見面的時間。在退修結束時會有類似聚會，全體會再聚集，一同反省。願意的話，可談到所經驗到的，也許稍微慶祝一番。

有關方面要求你在日常生活的退修：

- 承諾退修時每天禱告若干時間。有些指導會建議最少十至十五分鐘。會樂於協助你找到有效的禱告方法及過反省生活。
- 承諾在約定時間準時見指導，與對方分享任何你願意分享的事情。

我們幾乎在每處地方均可找到日常生活的退修的場地。無論如何，開會禮及閉會禮最普遍在教會禮堂、教區牧師宿舍、長老的家、學校禮堂或某些教區禮堂舉行。可以在自己或指導的家中，或雙方都感到方便的地方與指導見面。

一般來說，安排日常生活的退修的團體及陪伴人的事工，是由義工負責的。你只需付出很少費用，僅用來支付有關人等及租用場地的費用。你若憂慮費用問題，可詢問主辦者。不過，有些人沒有其他收入，陪伴人屬靈操練後，會收費或要求奉獻。

人愈來愈接受在日常生活退修，你會發現本區有些教會正舉辦這種活動。若沒有，你若知道本區有**屬靈網絡**或「教會聯合起來」的組織，請聯絡主辦者，詢問將會有的日常生活的退修詳情。若沒有，要求人舉辦一個，你大概會發現網絡樂於開始計劃舉辦一個退修。

兩個以上的人渴望退修而聚集，就會出現退修。不必等待直到渴望的人大排長龍。若需要就堅持，不要「否定」任何可能性。你自己的教會傳統、本地教會領袖似乎不願意、不能提供日常生活的退修，就去接觸普世教會的人。任何傳統均不會禁止我們一起禱告的！

靈友

古時的靈友持續陪伴人行走屬靈的路。在凱爾特傳統，人認真看待心路歷程時，會覺得靈友或*anam cara*是重要的。凱爾特有句話說，「人沒有靈友，就像有身體，但沒有頭顱」，今天這事工再發展，又興旺起來，人也稱之為「屬靈導引」、「作導師」或「屬靈同伴」。

怎樣成為靈友？說靈友是天生或後天的努力，都說得對。人尋找為路上同伴的通常有幾方面恩賜。這些恩賜包括：

- 別人分享靈程時，他們能夠、又願意親切地留心聆聽。
- 能為別人所分享的絕對保密。
- 能與人共鳴同感，設身處地，感同身受。同感不是同情，同感是聆聽的人在心裏代入對方，能以對方的觀點看事物。

- 有「無條件地積極尊重」的恩賜，即使說的人表達與自己完全不同的觀點或感受，也同在及接受。
- 能活出真我。不必戴上面罩，或以假形像示人。輕鬆自如的靈友會安於活出自己，表達出來與真我沒有分別。即使不想看到自我某些地方，也願意與神及靈友面對。
- 有禱告恩賜。除非自己是禱告的人，否則不能陪伴人走禱告的旅程。靈友通常有默觀的性情，能在旅途上不干預地靜靜陪伴。

有時提到好靈友時，人會這樣評論：「你與她一起時，雖然感到世上只有你一人，但她有世上所有時間來陪伴你。」也許可用來總結這恩賜。

靈友可以是男是女，通常是平信徒，在「教會」裏沒有地位。只因為人把自己心路歷程的神聖空間交託，他們才參與這種事奉的。

通常，但不總是，某種訓練鼓勵及培養人有這些恩賜。人會尋找有恩賜的靈友，即使對方未受訓；卻不會找沒有恩賜而受訓的靈友。

你怎樣找靈友呢？也許我要說，不是甚麼人，乃是作天路客的你揀選靈友。不是教會，不是主教，不是教區神父，而是你。可能你知道周圍有人願意，並能陪伴人走信仰歷程，你找到這樣的人，問對方是否願意並能夠陪伴你，你幾乎總是憑直覺轉向「正確人選」，看看朋友的圈子，也許感到有人與你「有一致」的屬靈眼光，是禱告的人，會溫柔聆聽而不加批評，不會把自己的想法加諸你身上，你常會在意料之外的地方找到真正的靈友。

你若感到某人可能適合你，可去詢問對方是否願意陪伴你。要記得一位靈友只能陪伴有限的天路客，所以對方若拒絕，不要以為對方不喜歡你。他們可能會提議另一人選。若對方答應，你就可安排大家多久見面一次，這當然是人人不同的。定期見靈友的會決定幾星期、幾個月、甚至一年見一次面。甚麼適合你們二人，就決定多久見面一次，但一般是每次一小時。

一般做法是開始安排見靈友時，建議一起「試驗」三次，各自反省相處時有甚麼感受，繼續下去是否有意思。

有些人會要求你為他或她陪伴的時間收費，有些人則不會提出。這在乎對方是否沒有其他收入，是否要為本身得屬靈導引和監督付錢。你要在開始時就說得一清二楚。

通常是天路客去靈友的家或辦公室，接受「屬靈導引」，不過，天路客若無法離家，或沒有交通工具外出，靈友總願意去他們家中見面的。

天路客與靈友的關係多半是單向的。天路客分享心聲，靈友一般很少分享，除非是要使天路客安心，或澄清特別的事，才會分享自己的靈程。不是靈友不信任或保持神祕，而是要專心共鳴同感。他若被自己的事佔據了，又怎會有空間身同感受呢？

你若尋找靈友，但在本區不得要領，退修聯會可幫助你，讓你聯絡一位本地人。這人曉得誰在你那區參與這種事奉，並親身認識這人。

日常生活的屬靈操練

我們不必與世隔絕，去到退修場所實行**羅耀拉的屬靈操練**，在日常生活也可操練全部練習。很多人見到五星期住在退修場所的費用而卻步，有些人則無法長時間離家，有些家人漠不關心，甚至敵對他們追求屬靈的事，他們甚至不敢想到放下家裏日常工作，那麼長時間離家。

羅耀拉時代(十六世紀)均有這些問題。他在練習課文的最後加上說明——「第十九項附加說明」(因為那是二十項附加說明的第十九項)，特別想全時間工作，或正如他說的：工作責任使他們無法連續離開數星期，痛快地在住宿地方吃喝(那時「退修場所」就是服事人這方面)的也能操練。第十九項附加說明建議那些不能離開世界三十天以上的，在日常生活操練，可以同樣有效。羅耀拉親自教導一些人運用這操練。

在日常生活做全部操練，除了禱告反省的旅程最少持續六個月外(典型的是九個月，有時會更長)，不及在退修場所嚴格。住在退修場所是每天禱告五次，每次約一小時，在家操練是每天禱告約一小時，然後用點時間反省那段禱告時間發生了甚麼事；不是每天見指導，而是每星期或每兩星期見一次，除此以外，整個過程與住在退修場所三十天是一模一樣的。

你若考慮這樣長時間作**日常生活的退修**，首先要找個願意陪伴你的人作指導。你們二人都要很大委身，所以不容易找到指導。要記得，要找個指導陪伴你走這特別旅程，指導本人要曾經做這操練，最好由有經驗的導師陪伴，對方又要完全熟悉這練習的動力。你要與這人相處融洽。你們要一起上路一段長時間，分享到最深入的聖地，彼此的關係會深入。你值得等候，直到正確人選出現。

你最好反問自己為甚麼要做這操練。看這旅程為某種「成就」，要得到某種「屬靈資格」，就大錯特錯。操練最終是個新開始，本身不是目標。指導會與你一起看各種原因，在初期幫助你分辨，應否做這操練，現在又是否合適時機。

你一旦開始了旅程，就要每天找出時間空間深入禱告。也許要比平時早起一小時，或犧牲晚上一小時，不看電視，找到不受打擾的一小時。

你要記得幾件事：

- 你若已有**靈友**或「屬靈導師」，告訴對方你想操練整個練習。由於歷時甚長，你最好以固定時間見指導，平日作你靈友的會明白的。在操練期間，你會刻意專心按著每週給你的默想來禱告，在這期間分別向兩個人分享，可能會使你混亂和分心。
- 在日常生活，正如在退修場所，沒有人要求你守規矩。旅程之一是要有紀律。許多人發現委身禱告帶來喜樂和恩典，就非常樂意花時間去禱告。然而，在過程裏某個階段，幾乎人人均會經驗理想幻滅和枯竭。若有這情況出現，詳細告訴指導，相信神帶領你開始了，也會帶你經過，直到你再感到安慰為止。

- 你要做全部操練前，不是在日常生活，就是在退修場所，最少按羅耀拉的傳統做兩、三次較短的退修。這會使你熟悉有助於這操練的禱告反省法，助你發現這旅程是否適合你。
- 你若按著第十九項附加說明做較短的**為個人而設的退修**，要告訴指導你正在做這操練。指導大概會確定你，退修裏建議的，與你在練習裏遇到的是一致的，不會打擾你整個方向。

在日常生活操練羅耀拉練習所付的金錢，當然比住在退修中心三十天的便宜。有些人會要求你為他們付出的時間奉獻或付費，有些人則不會。所以你一開始就要知道指導期望甚麼。你若一週或兩週一次在退修場所見指導，由於那樣的人是為謀生而做，通常沒有其他收入，會期望你付錢。泰半退修場所會說明他們期望人大約奉獻多少錢。你若無法離家，可能會找到願意到你家的指導。

另一個在日常生活做這練習的方法，是在小組裏進行。一個小組一般不會多於六人，一位指導會帶領他們做完全部練習。他們會每星期或每兩星期一次分享禱告經驗，許多人感到是很有果效的方式。不過，你要記得，羅耀拉原本計劃一位指導陪伴一個退修人士做這操練，至今仍是最好的方法。你若在小組裏做這練習，可以問指導：你是否可頗定期單獨地去見他或她，讓你把不想向全組人透露的問題，單單說給對方聽。

羅耀拉的屬靈操練

為何二十一世紀想退修的人會對五百年前活過的一位巴斯克人有興趣呢？羅耀拉出生時其實名叫依理高．洛佩斯 (Inigo Lopez)，影響今天多半**為個人而設的退修**內容。

一四九一年依理高生於西班牙北部的巴斯克，是十三位兄弟姊妹中的老么。年輕時受訓為騎士，準備有個輝煌的軍人生涯。然而，命運干預他，他在盼柏羅拿 (Pamplona) 城堡拼命抵擋法國人入侵時，一顆炮彈炸碎他的腿，他倒在地上，不光彩地被人抬過山巒，到達羅耀拉城堡的家，為了復原，他多月受苦與沉悶。

然而，依理高的夢想突然被粉碎，就開始了新的夢想——為神作夢。他深刻地歸主，決定把人生獻給主。把家人和家園、屬世榮耀和征服的盼望留在羅耀拉，開始朝著未知的地方去，最後去到曼雷沙山 (Manresa)。在靠近蒙特塞拉持 (Montserrat) 的平原，他深深反省到自己的破碎和神的再造，發現可為神夢想，並神在心及靈魂裏作為的果效。在這時期，他住在河邊一個洞裏，開始禱告反省之旅，學習分辨神在自己心裏的創造作為，與內心破壞性作為的刺激區分出來。

依理高禱告反省時，也寫下自己經驗，這些記錄後來成了我們稱為《屬靈操練》(*The Spiritual Exercises*) 的小書。説依理高在曼雷沙山是深入長期地退修，不是誇大的話。《屬靈操練》實在是他的「退修筆記」。神直接教導他學習分辨的藝術。他與神在生命裏的作為結連，發現痛苦與狂喜，按著似乎是神在心裏所行的，可做選擇和決定，又反抗任何看來不是從神而來的活動。

有幾個人也想發現神在自己生命裏的奧妙作為，及神怎樣引導他們為人生作決定。依理高後來招聚他們作同伴。他們後來正式結盟，起誓一起工作及同走屬靈的路，又鼓勵別人這樣做。他們自稱為耶穌的同伴，是後來耶穌會社的核心，後來是羅馬天主教會一個修會，今天稱為耶穌會會士 (Jesuits)。在早期，依理高親自帶領同伴徹底經歷他在曼雷沙山所經歷的，與他們分享「退修筆記」，操練他們，不是教育他們，是刺激他們發現神的大能在生命裏體現出來。之後鼓勵他們教導別人操練。

依理高在曼雷沙山所學到的分辨過程，成了後世跟隨的榜樣。第一批耶穌會士教導同代許多人，今天耶穌會士繼續照樣做。像他們的前輩先人，他們也鼓勵從這特殊經驗受益的人，與人分享。我們這一代人又再對現在稱為「羅耀拉靈修法」的感興趣，實在教人驚訝。這是藉著默想聖經、一人陪著另一人、分辨與決定的過程；即使不是成了多數人，也成了今天許多為個人而設的退修的榜樣。

這操練是甚麼呢？我首先要說，你若看到這操練的「內文」(坊間有幾個現代版本)，不要「囫圇」吞下。書中有一連串系統的聖經默想，中間有幾則不是聖經、但非常有力的默想，詳細引導人怎樣分辨從神而來、及不是出於神的內在活動。你若想「讀」操練，即使是用現代譯本，也會感到吃不消，要即時放棄。現代人不能立刻明白裏面的意象和用語，操練本是口述傳統，是讀給人聽，不是人自己「閱讀」的。在為個人而設的退修裏，尤其是按著羅耀拉的傳統，大多數是直接或間接地讀給人聽來操練的。

所謂「羅耀拉全套操練」是一系列默想反省，人通常住在退修場所，有一位**退修指導／退修導師**在整個過程親自陪伴，大概要用三十天來完成。退修人士要每天專心禱告五次(每次大約一小時)，又反省禱告有甚麼果子，在每天見指導時分享。默想邀請退修人士反省人生的大問題，例如：

- 我基於甚麼存在呢？我活著為了甚麼？
- 我人生在哪裏真有安全感？我正抓著「騙人的安全感」嗎？
- 甚麼可阻擋我與神交往？
- 我最深處真渴望甚麼？神渴望我作甚麼呢？
- 我人生甚麼活動潮流往往帶我更親近神和其他人？我怎樣助長這些活動來學「順從它們」？
- 我人生甚麼活動潮流往往帶我更遠離神和其他人？我要學習甚麼來「抗拒它們」呢？
- 我要怎樣回應神在我人生裏的作為？我要怎樣「回報」所有賜給我的東西呢？

退修人士默想，然後按著經文禱告，把某段福音經文裏所發生的事，與我人生當下的情況結連起來，來探索這些問題。指導也幫助退修人士經常反省神在那天甚麼地方，又怎樣明顯行動，鼓勵對方繼續分辨神的心意，來鞏固這過程。

可在退修場所，用三十天操練全套練習；在日常生活進行，過程通常歷時六至九個月，或更長時間(參**日常生活的屬靈操練**)。

在一般稱為「三十天退修」或「長退修」來操練羅耀拉全套練習，你實在要大約三十五或三十六天住在退修中心，開始的三天是作預備的，可能與指導或其他退修的人重溫你的信仰歷程。完結時是「逐漸減速」，反省整個經驗；你若與一組人一起退修，可與小組其他人分享你的反省。除了每天見指導及參加每天的崇拜外，三十天是完全靜默。不過，通常有三、四天休息，稱為「靜謐天」，你不必沉默，有關方面會鼓勵你放鬆。靜謐天往往反映羅耀拉操練每段時期的結束。你若想做人生的大決定，這練習會鼓勵你集中在那個決定上，積極分辨神對你的引導。指導會陪伴你，助你分辨，但不會影響結果。

這樣做全套練習是個嚴苛過程，頗使人精疲力竭。你最好有自由按自己的步伐來進行，在乎你人生和禱告裏發生甚麼事，你可在某些地方流連長一點時間，又迅速越過一些。指導會助你恰當地調適步伐。羅耀拉從一開始就發現，有些人從頭到尾做完全套練習會得益，有些人則停留在過程某部分或階段最好。所以他十分有彈性地帶領人做練習，總是按個別退修人士的需要進行。

正如我們在書中談到的所有退修，羅耀拉的屬靈操練是不分宗派的，今天在教會流行起來，超乎不同的基督教傳統。

在按羅耀拉傳統、較短的**為個人而設的退修**裏(通常是傳統的六或八天)，過程會較不嚴格，會按著你來到退修時感到自己的現況來裁剪。你大概不會明顯曉得自己在「做屬靈操練」，但陪伴你的指導會按著你目前狀況，找到屬靈操練某些動力，來讓你走上禱告旅程。你要記得八天羅耀拉退修，不是濃縮的「迷你」版，而是按著你當時的需要，支取那練習的動力所提供的，體驗禱告。

在退修中心做全套練習，費用包括三十至三十六天住宿和屬靈導引。有幾個地方提供全套練習，有些包食宿（顯然較昂貴），有些讓人自備食物。目前（二○○二年）包食宿的，大約每二十四小時要四十五英鎊，你若自備食物，價錢就會較低。

你若申請在退修中心獨處做全套練習，當局會要求你交介紹信，並說明有權拒絕你的申請。因為這過程要求人在身體、感情和靈性各方面都預備好，退修中心就要求有人保證你能在近乎完全靜默的環境專心禱告。所以你若未曾參加過幾次為個人而設、較短的安靜退修，日常生活又沒有人持續引導你追求（或作「**靈友**」），就去做全套練習，是不智的。

話雖如此，做羅耀拉全套練習經常生命得改變，是十分有意義的經歷。

屬靈網絡

近幾年來，一般人已了解「靈性」這字，不是完全屬於小圈子、神職人員和隱修士的領域，而是與有形「教會」內外的許多人有關。無疑人更渴求人生意義，認真追求經驗存在核心的真奧祕，這種趨勢正傳開。可惜，人愈來愈意識到傳統建制教會，似乎做了很少工夫去滿足這渴求或促進人去追求。

人透過愈來愈多退修和寧靜日，尤其可在日常生活進行的，來接觸存在的屬靈層面。許多人經驗了退修的滋味，就更敏銳於在生活裏尋求神的同在和指引。有時這些人會走在一起，形成本地網絡，有些完全非正式，有些十分有組織。我們可在「屬靈網絡」下綜合地描述它們。

屬靈網絡往往基於以下原因出現：

- 某地區有一羣人為人提供退修，或自己有興趣追求屬靈成長，與別人分享自己的探索，網絡支持他們。本地網絡常為會員推動退修和寧靜日，通常定期舉辦全體聚會。更大的網絡組織偶然也辦會議。
- 讓人在他們的資料庫，在自己鄰舍中找到屬靈同伴。有些本地網絡儲存了可觀的人名資料，包括特別專長、所受訓練、個人的特別興趣等詳情。你若正搬家，想接觸新居附近與你有「一致」靈性眼光的人，最好在開始時接觸本地的屬靈網絡。

屬靈網絡一般是：

- 普世教會性；
- 同樣向平信徒和神職人員開放；
- 獨立於任何建制教會的結構之外；
- 非牟利的。

無論你是否有上教會，他們都歡迎你。

作屬靈網絡會員的費用，在乎它所提供的服務，不同網絡差別很大。若網絡有人名地址的資料庫，經常要更新資料的；收納你的名字，又寄一份名單給你時，會收取微不足道的會費。有些網絡定期出通訊，宣傳即將來到的退修和寧靜日，又常刊登一般有關靈修的文章。

退修聯會最少有英國某些網絡的資料(參本書末的聯絡地址)。

監督

無論你在日常生活，或是在退修場所，是一天，還是超過三十天，無論你參與哪種退修，你的**退修指導**都有監督。

陪伴人走屬靈的路，期間自己會遇到問題，監督是要給他們一個空間、沒拘束地說出來。聽別人傾訴問題，所說的很易觸摸到自己敏感的神經。有智慧的指導不會向退修人士披露，但需要向人說出甚麼被觸動了。

我要強調，指導見監督時，絕不會透露退修人士的資料，也不會抖出與退修人士在見面時說了甚麼。監督最好不知指導正陪伴誰，是從另一個地區或教區而來，沒有接觸過退修人士。無論事實是否這樣，指導見監督時，都有責任隱藏退修人士的身分。指導見監督只為促進自己的靈程，純粹談及這方面的事。

指導若需要人實際幫助，受引導怎樣幫助退修人士，就要十分警覺，為保障退修人士的私隱，在需要時，改掉對方的詳細資料。

受監督其實是保障退修人士的利益。退修人士分享時，指導若把自己的想法滲入，這位第三者會毫不猶疑警告指導。可以說，監督在見指導時，「抽出」他或她的想法來處理，就不太影響指導與退修人士的對話。

有人形容：退修指導可能在自己靈程中關掉了某些門，見監督可能打開那些門。退修人士也許漫不經心地「敲」了其中一扇門，指導留意到內心對那「敲門」有反應；可能退修人士說了指導本人想逃避的東西。有關方面訓練指導遇到這種情況時，留意自己的反應，然後帶去見監督。

任何人持續作別人的「靈友」或「屬靈導師」的，均需要監督、「**靈友**」或「屬靈導師」。在陪伴人走屬靈旅程時，人自己沒有經驗的，就無法提供給別人。

有主題的退修

初次退修的人參加「有主題的退修」，是溫和地安靜反省，不是一頭栽進被人引導的經驗去。

有主題退修幾乎可用任何題目，只消瀏覽《退修》或教會刊物，你就會發現有各類退修。有主題的退修不及**為個人而設的退修**那樣集中。雖然也有安靜時間，但期間會聽講員或退修會負責人演講，大概與一同退修的人組成小組，分享反省，然後再聚集，在公開論壇發問或評論。

你已選了一個感興趣的題目，參加退修會是想更深認識，或深入探討那主題，這就成了你退修時禱告的焦點。退修會負責人預備了總結主題內容的講義，建議你在安靜時怎樣專心禱告。他們提出的指示、退修會負責人給你的東西都只是建議，或在你不知從何著手禱告時，作為引導而已；你當然是跟隨聖靈的感動禱告。

有些有主題退修會教導人發展特別技能，比方說繪畫或書法，及為那個活動提供屬靈焦點。《退修》或退修場所宣傳刊物在描述退修會時，通常會說明的。你若有任何疑問，可詢問退修場所會提供甚麼幫助。

有主題的退修可短至一天，或長至十天以上，但若在退修場所舉行，一般是四、五天。費用相等於為個人而設的退修，包括住宿和飯食(若合適的話)及講員費。目前(二○○二年)，你要預算每二十四小時食宿的退修需付上四十五英鎊，自行處理飯食的價錢當然會較低。你若要求，退修場所就會奉上詳細的價目表，在許多情況裏，我建議你儘早預訂。

當然完全由退修會負責人或退修場所的主管決定每天的內容。你可在「**退修的日常程序**」條目下，看到一天是怎樣運作的例子。

有主題的退修維時數天的，你若希望與人單獨交談，退修會負責人很可能是有空的。

第 5 部分
退修人士心聲

本章是曾參加各類退修的人親自分享經驗

繼續作母親

霍林斯

作為兩個幼童的母親，心情總是愉快的，但也會精疲力竭。尤其孩子還小，整天留在家裏，尿布、故事書、積木等似乎使母親失去個性(作「媽咪」之前的個性！)我們若不偶然喊叫「人生應有更美好事物」，就太沒人性了。所以朋友邀請我參加肯特(Kent)郡退修場所的退修時，我毫不猶疑。丈夫很支持我，沒有我也完全應付得來，他吩咐我好好休息和享受，就推我出門。

我們可以在退修充分休息，也可透過挑戰更新，那個週末並不易過。從忙碌的家庭生活去到退修(尤其那是安靜退修)，很考驗人。不必做飯及洗盤子，好好吃一頓飯真的愉快，但我要用一段時間才能放手；有人帶領退修，我可以不想塵世，真的有意思。

退修場所周圍鄉郊的景色很美，我樂於在靜中以成人步伐行走。那在布蘭茲哈奇(Brands Hatch)附近，汽車高速駛過，提醒我要為外面的世界禱告。這兒沒有幼兒經常發出聲音，我發現神使我驚訝、甚至使我心神不安。我告訴祂想要更多東西；祂施恩憐憫，甚至容許我向祂叫嚷(雖然我是參加靜修，但的確叫嚷了！)沒有人聽到我叫嚷，我感到完全釋放；離開了自己的系統，就更易聽到神的聲音。在那可愛園子的盡頭是個十架，神就在此向我說話。

我以為需要某些能恢復「我」個性的新事物。神卻挑戰且鞏固我保留目前的任務。退修助我活在當下，不是在我

「希望」的光景裏。我又讓神作父親。最後我渴望回到丈夫女兒身邊，回到真是「我」工作的地方。所以在一個晴朗的主日下午，我駕車回家，準備繼續做世上最好的工作——作母親。

（承蒙二○○○年《退修》同意轉載）

六週後有所不同

阿什頓

我所屬的分享信仰小組提到會有退修時，最初我感到興奮。自從我知道有退修這回事後，總想參加。其實我不太知道退修會幹甚麼，但相信那是我想要的東西。

記得當晚回家，告訴家人這消息時說：「將會有個退修，相信沒有人會反對我參加的。」

從他們臉上的表情，我知道他們不同意。

兒子是少年人，正埋首做大堆功課，頗賭氣地咕噥道：「在家裏有甚麼退修可言？」

女兒較年幼，她喊著說：「媽媽，你不是要離開我們吧，對嗎？」聲音帶有恐慌。

丈夫本看著報紙，抬起頭來望著我。我彷彿聽到他在心裏說：「另一個熱潮！她會忘記這玩意的。」

或許我這樣想對他不公道。無論如何，沒有人有理由反對我參加退修，所以跟著一星期我就報名參加日常生活的退修，為跳過第一道障礙而舒一口氣。

開會禮到了。我們大約十二人坐在教會的禮堂裏。現在我開始明白要冒險了。我幻想自己弄得一團糟！想像不懂向同伴說甚麼！假設不會禱告！我的熱情突然化為恐慌，幾乎想奪門而去。

但退修會負責人懂得驅走我們的恐懼。他輕輕帶我們進入安靜，助我們實際經驗到鬆弛，沉到自己更深之處。跟著解釋退修是怎樣進行的，每星期見同伴一次，見面又會作甚麼。然後是關鍵時刻，大會把我們分配給禱告同伴。我掃視四位與我們一同圍圈坐著的「同伴」。我會選擇哪一位？最不想要哪位？心裏又浮起恐慌來。

我不必擔心。負責人讀出我的名字時，巴巴拉望著我微笑，然後連同另外三位退修人士一起到禮堂外，安排見面時間，也稍微互相認識一下。我想：或許不是不能與她分享禱告的。

那就是第一次見面的情況。巴巴拉已交給我一段經文，讓我用來專心禱告。我已嘗試每天都禱告；有時我的確照著向自己所承諾的，安靜了十五分鐘；有一次完全失敗；有一天女兒衝進來告訴我：貓兒生病了，我就被迫縮短時間。我只期望上帝和巴巴拉會原諒我！

出了岔子時，我不會受責備。我從不感到巴巴拉責備我。我與她一起時，她只是聆聽，彷彿我是她人生裏惟一的一個人。她全心留意我所說的，無論如何助我在自己安靜時，一心留意神在我生命裏所作的。

不久，我每天盼望與神一起的時間。那真的滋潤我，在心底給我平安，帶領我經過一整天。我發現自己想更多禱告；想不一樣地禱告，巴巴拉就介紹我利用經文禱告的各種方法，那是我從前沒有試過的。

那六個星期是我人生的轉捩點。我與神同行，超越「宗教」，進入「關係」。孩子較大時，我盼望可有一年住在退修場所退修。現在我肯定會再參加日常生活的退修，跟著又會參加第三次。我們所有參加退修的人都決定年年參加！

在大齋期退修親身實踐

孟勵成

美術退修會負責人説：我們要帶著一個空腦袋來，這使我們舒了一口氣。我腦裏完全空白——我不是附庸風雅的人，不會創作工藝。這個退修是用油彩、黏土、雕刻形像和混合媒體，來向受苦及釘十架的耶穌禱告，我不明白自己為何會參加這活動。

我們的導師説：「用報紙造個十架吧」。我不信自己會如此反應——我不想造十架——我不懂怎樣造——我感到自己像個固執的小孩。我要反省這心態。

十架是痛苦、毀壞、折磨人的經驗，不能輕視的。我不能用報紙造個十架。我來退修是要更認識神，所以認為應用梯子爬到祂那裏去——因此我造了一道紙梯。但那不對，神已在我心裏，不是高高在上，所以我用力擠梯子，它嘎吱嘎吱作響，最後化為一團，我頗感滿意。

然後我用一層層報紙和顏色紙包裹這球。這一層層紙是我嗎？要撕開才能瞥見稱為神的奧祕嗎？我知道自己裏面有些部分有時阻止我去接觸人，我要跨越這鴻溝，自然地與人相處。

不久我造了一個起皺的紙球，比足球小一點。我要使它黏合起來，所以貼了兩道白膠紙，卻詫異地看到貼上一個十字架。我仍然不要造十架，所以又貼上兩道膠紙，現在感到愛已牢牢把球／我黏合起來。

我整夜反省這紙球。想到自己釘十架——受折磨的時刻，如同作惡夢，這持續了一段長時間，然而我從不懷疑有一天會出現好結果，最後我確定神在所有發生的事物中與我們同在，就得堅固。但現在我不是這樣感受！

現在我想把十架放在球的中心。

翌晨我與藝術禱告同伴傾談，我們同意打開球——看看裏面有甚麼，並把一個十架放在裏面。我難以切開這揉成一團的紙，但盡力而為；又造了一個小木十架，用金紙包裹。十架是我的重要部分，使我經驗到憐憫和偉大的愛。

切開紙球後，除了底部稍微相連，整個分為兩半，我要怎辦呢？

正如我在受煎熬時被保守著，用更堅硬的紙把它們黏結？

我拿著起皺的紙球，金色十架牢牢在中央，又去到小禮堂安靜反省。然後我看到釘十架的本相——耶穌與我。那是崩潰、破碎，失去一切意義和安全感。我要讓自己所造的紙球依舊脆弱，不堪一擊嗎？我更多反省，知道惟有誠實地讓它沒有支持，接受它可能分裂。我避免用破碎、分裂等字眼和經驗，但我不苦惱。知道透過這些經驗，我會結合起來，並得以更新。藉著甚麼，就是那位奧祕！

油彩與黏土——退修記念主受苦

格里菲思

我疑慮地迎接復活節：我從不覺得這節期易過，但今年很特別。我報名參加在日常生活的退修，有關方面用四天時間在我們教會舉行：「以油彩、黏土、雕刻形像和混合媒體，來向受苦及釘十架的耶穌禱告」，開始時是全體出席主日的下午茶。

為探索創意材料的豐富，大約有三十位來自不同教會的人一起來見幾位負責人——一位神父、視覺藝術家和雕刻家。第一晚聚會後，每天均可選擇上不同時段的課。

我們從聖餐禮開始，負責人即席以戲劇形式讀出受苦故事。之後人人按自己的方法，在自己的空閒時間，自由向「受苦的主禱告」。我不知從哪裏著手，就從最熟悉的一團泥開始。在崇拜時，一首古老聖詩的幾行詩句「主啊，把我隱藏及蔭庇在你傷口的深處」、「用你肋旁流出的水洗淨我」「煩擾」著我。我拿起黏土，用力擠壓它，四圍各造一個鞭傷，就塑造出一個小形像，想放在狹長的窪地裏，但它太大了！引起我深思：不是我變小，就是耶穌變大——黏土已變成耶穌與我！我又慢慢加上黏土，把原來一團泥塑造為一個軀幹，讓它有可見的形像，一隻慈愛的手臂保護著我。我感到很穩妥。

耶穌受難故事裏各類人的態度感動我，就想探索。那晚我夢見擺出各種姿態的手掌手臂，第二天早上見到有個廣告描繪類似的姿勢。我知道它們重要，就影印並放大；

但不知道該怎樣運用。那位藝術家像神父那樣，若有人有需要，總隨時伸出援手，他把紙散在地上，它們大致形成一個十架模樣。我從沒想過要如此顯然地描繪十架！然而，它們符合特定格式地勻稱，是強而有力的權威和譴責，是不容忽視的。這位藝術家稱為科林，問我是否知道可影印自己的手。我嘗試以不同姿態影印。被所出現的——陰影、光線、形像、實質暗示或提議、黑影，總是黑影所迷住。

這些是我的雙手，我把它們擺成十架的樣式，就強烈衝擊我。這些是我雙手，我隱藏的想法——不是我真的說了或做了的，我內在心態——甚至我「張開」手掌也隱藏了一半東西；我也有分控告基督。唷！

然後我回頭看最初的創作——幾乎繞了一個圈。我曉得自己需要在祂的創傷裏洗淨和深入得蔭庇。我不想造個十架，不願想及這事，然而我被吸引到那兒，聚焦在那裏。甚至十架的幽暗處有光明，光是看著十架就有希望，就有生命。

我在這幾天非常集中精神。雖然我留在家裏，要做一切家務，退修是生活之一。我揉捏黏土、影印、做飯、洗盤子、反省，與神分享我的想法及感受，根本沒有分別時間出來禱告，一切已交織成為一個禱告。

我本不願退修……

希斯考克

我現在守寡，兩個兒子已成年，多年來我都想退修，始終沒有成行。去年由於種種理由，我開始問許多問題，曉得以往說不能去退修均是不合理的借口。最後我聽到有關方面計劃在離我家不太遠的地方舉行一個週末退修。我問幾位密友的意見。有人說：「去吧，對你有好處的。」也有人說：「你已常獨自一人，為何要花兩天與陌生人一起安靜呢？」一位朋友總結說：「為何不去？除非你嘗試過，否則永不知自己是否討厭退修，只不過兩天而已！」所以我決定參加。有位基督徒朋友願意陪伴，又駕車送我們到目的地，所以我報了名。

我出發前實在很緊張，幾乎深信自己犯了可怕的錯誤。但我們剛到達，真的受到歡迎。有人帶我到一間俯瞰園子的簡樸舒適房子。不久朋友也到了，且邀請我參加修院在小禮堂舉行——我一生從未參與過的晚禱。我的直覺又說「不」，不過我想「為何不可以呢」，就與她一道去，聚會後感到人平靜多了，很是詫異。晚上時，我們聽退修會負責人第一個演講，之後就開始安靜。那時我開始享受那週末。

我平時難以早起，但那天晚上睡得很好，第二天很早就醒來。退修中心很安寧，似乎賴在牀上對神很不敬。於是我更衣，在早餐前參加小禮堂舉行的晨禱。

星期六早上有另一次演講，但下午完全是自由時間。大約有三個半小時自由安靜，聽起來嚇壞我，卻是退修會最有挑戰性之處。我大部分時間坐在花園裏，享受夏天短暫的熱浪，準備聽晚上第三次演講。所有退修人士均會參與退修會負責人帶領的晚禱，我在這段時間之前到小禮堂參與修院的寢前經，結束這一天的活動。似乎這樣與神開始及結束一天是對的。

在主日早上，我又在早餐前參與修院的晨禱，然後一同領聖餐，真的美好。午餐前是最後一次演講，下午我們又輕快地靜靜交談，然後就回家。

我參加退修前，真的怕要由星期五晚上到星期日下午都要安靜，但發現這原來是平靜、平安和友善，完全沒有壓迫感的。我報名前問自己：「你會帶甚麼去退修？又會帶甚麼出來呢？」現在我有了答案。我帶著疲倦、繃緊、緊張進去；兩天後(不願)離開，帶著平靜、快樂、更新的心，且更確定自己的信仰。很好的結果！我害怕會困難的化為溫柔——神的溫柔！我建議人人均要去退修。

一位伯明翰律師在工作中退修

奧　蘭

一位同事給我在日常生活退修的詳細資料。我認為去退修，與我作妻子、母親和律師不太安息及平靜的日常生活有衝突，即時覺得不要參加。但得到資料與開始退修之間的幾個星期，神感動我：要學習安靜自己，每天在祂的同在裏得平靜；雖然仍有疑慮，但我決定參加。

退修維時六星期。開始時是所有天路客和禱告指導均參加開會禮；大家也一起參加閉會禮，一同分享或正或負的經驗，並一起禱告；又安排天路客與禱告指導在期間見面的時間：每週見面一次，每次大約半小時，在彼此皆感到方便的時間地點見面。每星期五上午八時十五分，我在伯明翰大教堂見禱告指導，每次均會找個安靜的角落，在不被人騷擾，也不打擾人的情況下，談話及禱告。除了最後一次風琴師提早了來教堂練習！

第一個星期我按著經文、憑想像力禱告，驚訝神直接談到我人生每部分——家庭、工作和教會。跟著的日子我按著經文默想，神又在安靜中談到目前在各方面煩擾著我的生活和問題，又提到過去某些不快的事件。

禱告指導是位有智慧、懂分辨、敬虔、有聆聽恩賜的婦人，她大大幫助了我。每星期見面時討論我的禱告旅程，她給我經文去禱告——有時是一篇簡短詩篇，有時會較長，讓我繼續進深。她只是聆聽，我要求她才會提議。她建議的經文總是適切有用的。她聆聽的態度，溫柔地建議下一步，反映神溫柔慈愛地帶領我走禱告旅程。

我每天只能有十分鐘禱告，然而神看重我所擺上的，在短短的靜默平靜裏說話，使我驚訝。

在退修裏，我開始感受多年藏在腦海裏的真理，發現神在人生的每部分與我同在，我要時常信任祂；我了解自己的處境，不應不信祂對我人生每部分皆有美好的旨意。我發現退修是近年所作最屬靈的事，感到那給我工具繼續每天與神發展更深入的關係，並結合人生的不同層面。

兩位天路客在日常生活操練羅耀拉的屬靈操練

明略行

數年前，我完成普世教會組織舉辦有關禱告的兩年密集課程後，為了在教會禱告服事，也想尋求神對自己人生的旨意，就渴望更深禱告、聆聽神。

還有甚麼吸引我以羅耀拉的屬靈操練來禱告呢？我立刻看到兩方面：我總認為惟有「聖潔」的人才能「攻克己身」；又完全脱離情感來做決定。我為這事禱告後，就決定行事。

一個溫暖燦爛的九月天，我的屬靈導師到了家門，她是位修女，溫柔地帶領我做全套操練，直到明年復活節才完成。我發現這有系統的禱告方法很適合我，正給我尋求的禱告自由。

我接受並明白神創造我們有本領、睿見、耐性、天分和自由等原則和根基；神是我們存在的基礎；求神施恩，使我一切所行均為讚美事奉祂；跟著我就準備進深。

導師要我每天禱告一小時。我在聖公會的崇拜讀經，要準備講章，計劃崇拜，然後反省所作的，並有教會及家庭活動。然而我一旦承諾禱告，就想更長時間與神同在。

操練旅程第一個階段是更深認識了解自己的罪、軟弱和限制，使我深深反省世人的苦難。最初感到孤立，其後真被耶穌基督醫治了，就深感喜樂。屬靈操練的每個階段完畢時，均有清晰異象，及向聖靈開放，這肯定了我的信仰。

我聆聽、分辨和回應神後，接受祂呼召我更多向教會委身。

復活節馬上到了，操練最後兩個階段是基督受苦、死亡和復活，我分擔祂的苦難時，深感哀傷，被激勵更多事奉、為祂而活。神在我深處放下討祂喜悅的心，我想建立在上帝身上——活著實踐那些渴望。我發現自己更有智慧對待罪和受苦，當時並未察覺，但大大祝福了我後來的處境，並對別人的痛苦共鳴同感。然後我又經歷復活的喜樂。

做完屬靈操練，有一段後話，提醒我可在萬物中找到神。幾個月後，我與丈夫在塞浦路斯度假，在山巒的高處行走，地面愈來愈光禿和多岩石。我嘆氣道：「耶穌在曠野時必定遇到類似的環境」，除了我們二人，看來沒有其他生物，直到我看到一棵世上最美麗燦爛的藍花，在風中搖曳。它在荒蕪之地驚人地有生氣，它是怎樣生存？如何到那裏去？是風帶它到那裏去嗎？剛完成屬靈操練，我聽到它向我說出許多真理，使我相信神故意把它放在那裏向我說話。它向我保證，無論將來變得怎樣艱難，無論甚麼環境臨到，我是能走過的。

現在我陪伴人禱告，發現與別人分享心路歷程十分奇妙——那是學神那樣愛人的一個方法。

第十九項附加説明

布　思

我不是輕易決定參加第十九項附加説明退修的。我頗長時間深入禱告，一週安靜退修，愈來愈曉得裏面有深入的不安。憑直覺知道在小組未能分享所發現的，就選擇讓人引導，不是加入小組。

進入退修時，我知道自己尋找接納、自由和深深被愛的感覺。有人説退修會改變我的人生，但我沒有準備迎接將會發生的。那影響深入衝擊我，使我整個人翻轉過來！滿足了我先前渴望的愛、不再害怕作自己。我從前只能夢想有深入的愛和施予，現在更深渴望。然而光明也投下陰影，退修也顯露我的幽暗面，照出我原本傾向犯罪，愛慕自尊和性格其他方面。

反省時，我感到之後數星期才出現這退修的衝擊。甚至三年後仍感到那衝擊，那在我生命裏回響、安慰，又指出潛在的危機。

我在很多方面發現第一週的禱告實在先知先覺，暴露我的軟弱，明確指出罪的幽暗，是我從未經驗過的。

退修中期揭露一位非常脆弱的救主，祂有真實的人性。我發現要愛的耶穌，祂深愛我，至今仍讓我敬畏祂深入美善的愛。這些日子使我明白「被愛罪人」是甚麼意思，教我不必害怕自己的感受和情緒，我們是靠這些來經驗及表達人生的。我在這句話的每方面都得著更新，更活潑且快樂。

分辨的過程也是發現之旅。人生不是非黑即白，人難以分辨各類灰色地帶。因為錯誤詮釋禱告的影像，會使人跌進洶湧的海裏，我就學會小心詮釋。

整體來說，這退修是我人生最正面及最享受的經驗。九個月在日常生活做第十九項附加說明，是要委身很長的時間，但它讓禱告有焦點，給生命動力，使一切都值得。我也發現那段時間有益處，容許改變更深融入生命裏，我要禱告鞏固地建立在生命裏，所以那樣做對我十分有意思。

我希望有一天會再做這種退修，正如三十天退修鞏固所出現的改變，在一段特別明確分別出來禱告的時間裏，重新打開心靈。

我退修三十天所經歷到的

蓋尼 SSJA

你曾問自己：「我現在是誰？」「我往哪裏去？」「此刻神在我人生哪裏呢？」數年前我面對人生方向重大改變時，這些問題圍繞著我。那時我決定參加三十天退修，做羅耀拉的屬靈操練。

能有一個月離開忙碌的人生和事奉，回顧神呼召我悔改歸主，似乎嚇人和很考驗人，但也相當吸引人。這操練有其動力及節奏，與選擇經文一起出現的反省默想，給我空間發現甚麼是真自由。開始時我重新發現神在一切受造物中帶著能力。由於我參與事奉，以為「為神做事」，就認為許多事情都是理所當然的。我曾欣賞圍繞我的事物，萬物都來自神，是為了神的榮耀。這次我接觸到自己的脆弱和缺點，驚訝神總是憐憫慈愛——隨時預備赦免，並願意繼續愛我。

我繼續做操練時，開始發現人生作了甚麼使我失去自由。這階段的操練助我更深曉得自己作了甚麼選擇，及人生的終極意義。我在這旅程中，分享耶穌的人生與事奉，就更明白讓耶穌領導是甚麼意思。神怎樣看我，聖靈就挑戰我接受，這帶來很大自由，真正身分及根本的平安。我被吸引去到自己更深處，發現平安和愛。不過，在我感到人要我做的，與神邀請我去作的有不同時，就有掙扎衝突，並不總是有平安的。

有時也會空虛混亂，但最終神強烈地呼召我歸向祂，神對我不死的愛總是我力量來源。我發現神在混亂之中，同時也在寧靜平安的時刻裏。我繼續操練時，分辨過程助我看到清晰的異象。現在由於內裏更深歸主，我就看到，無論我作甚麼，都是神在我深處流露出心意。這退修是在萬物中尋找神，挑戰我面對世上許多公義問題。

這長退修是有關神的呼召及我們怎樣回應。那需要在每天活出來，所以這操練成了我每天的生活方式。我難以在忙碌的事奉世界活出它們，這與我三十天「在山上」很不同，但神始終不變，常邀請我去得自由和力量，使我活得更有意義和活潑。這是我每天的選擇，繼續聚焦在重要的事上。三十天退修助我重新發現神為我預備的夢想。

退修中心聯絡地址

以下列出香港、台灣及英國的基督教退修場地資料（英國退修場地資料譯自英文原書，港台的場地資料由中文版編者所加，其中天主教退修場地以＊表示），讀者可按照地址、電話或網頁查詢。聯絡以下場地，查詢資料時，請附貼上郵票的回郵信封。

香港基督教退修場地

香港島區

天主教靜修院＊／赤柱春坎角道靜修里43號
http://www.hkcccl.org.hk/rent_chk.htm

赤柱瑪利諾修院＊／赤柱村道44號／(852) 2813 0357

衞斯理營舍／銅鑼灣大坑道衞斯理村／(852) 2527 2026
http://www.methodist-centre.com/

嘉諾撒靜修院＊／摩星嶺道57號／(852) 2817 8660
http://home.netvigator.com/~honeyvil/

九龍區

聖公會青年退修會所／黃大仙沙田坳道獅子亭／(852) 2320 4931

新界區

烏溪沙青年新村／沙田馬鞍山鞍駿街2號／(852) 2642 9420
http://www.ymca.org.hk

信義會信義靜修中心／沙田馬鞍山山頂／(852) 2642 9251

香港神託會基督教靈基營／沙田沙田頭村102號／(852) 2691 1483
http://highrock.stewards.org.hk/

崇真博康青年中心／沙田博康村博達樓地下／(852) 2647 7337

道風山基督教叢林／沙田道風山路33號／(852) 2694 4038
http://www.tfscc.org/

突破青年村／沙田亞公角山路33號／(852) 2632 0100
http://www.breakthrough.org.hk/chi/village/service.html

信義宗神學院／沙田道風山路50號／(852) 2691 1520／http://www.lts.edu
宣道園／粉嶺龍躍頭新尾村背後／(852) 2669 8218
http://suen-douh-camp.org.hk
香港浸會園／粉嶺坪輋路／(852) 2674 0620
http://www.camphkba.org/hkbainfo.htm
靈糧園／元朗洪水橋亦園路口／(852) 2447 0707
何福堂會所／屯門新墟青山公路28號／(852) 2459 5870
香港基督徒祈禱院／屯門青山公路十六咪半小欖村／(852) 2450 6439
基甸少年軍訓學校／西貢鹽田梓／(852) 2791 4985
明愛小塘營＊／西貢吐露港荔枝莊小塘／(852) 2981 7872
http://www.caritas.org.hk/camp/facility.html
香港浸信會神學院／香港新界西貢北西澳年明路1號／(852) 2715 9511
http://www.hkbts.edu.hk

離島區

救世軍馬灣青年營／馬灣島／(852) 2986 5244
http://www.lcsd.gov.hk/LEISURE/LM/camp/samawanc.html
救世軍白普理青年營／長洲山頂明暉路6號／(852) 2981 0358
http://www.lcsd.gov.hk/LEISURE/LM/camp/sabc.html
慈幼靜修院＊／長洲思高路21號／(852) 2981 0423
http://www.sdbrh.org.hk/
鮑思高青年中心＊／長洲山頂思高路18號／(852) 2981 0403
http://www.jcccdbyc.org.hk/
香港基督教服務處白普理退修中心／長洲觀音灣路31號地下
(852) 2731 6202／http://www.hkcs.org/fcb/brc/brc.htm
明愛明暉營＊／長洲明暉路5號／(852) 2981 0445
http://www.caritas.org.hk/camp/facility.html
明愛家暉營＊／長洲明暉路1~3號／(852) 2981 7872
http://www.caritas.org.hk/camp/facility.html
明愛愛暉營＊／長洲明暉路4號／(852) 2981 7872
http://www.caritas.org.hk/camp/facility.html
思維靜院＊／長洲山頂道27號／(852) 2981 0342
http://xaviersj.catholic.org.hk/frame.html
建道神學院／長洲山頂道22號／(852) 2981 0345／http://www.abs.edu
循理園／大嶼山銀礦灣東灣頭路27號／(852) 2527 2026
http://www.methodist-centre.com/camp/camp.html
香港基督教女青年會青年營／大嶼山南區散石灣／(852) 2522 3101 *1358

台灣基督教退修場地

北部

陽明山衛理福音園／台北市士林區仰德大道二段200號／886-2-2861-4221
http://www.wesley-grove.idv.tw/

基立溪山莊／台北縣石碇鄉潭邊村外按15號／(02)6631522
http://www.ccea.org.tw/~kerith/

中華基督教浸信會聯會附屬嶺頭山莊／台北市士林區仰德大道二段11巷21號／(02) 8319459

利未莊園／台北縣瑞芳鎮金瓜石山尖路97號／(02)2496-1658
http://www.levitevillage.net/

天路客棧／桃園縣楊梅鎮埔心牧場後面幼獅山莊／03-4697543

台灣基督長老教會聖經學院／新竹市高峯路56號／(03) 5217125 *130

中部

聖愛營地／南投縣日月潭中正路261~10號／(04) 2059715

三**育靈修活動中心**／南投縣魚池鄉（村）瓊文巷39號（日）(049) 897212；（夜）(049) 897042

台灣基督長老教會利巴嫩山莊／台中市北屯區清水巷7號／(04) 2391405

協同會大甲馬鳴埔營地／437台中縣外埔鄉大馬路123號（438台中縣大甲郵政第49號信箱）／(04) 26831264／http://www.team.org.tw/camp/

先鋒青少年發展中心／43860台中縣外埔鄉大馬路123號（43748 台中縣大甲郵政第49號信箱）／0911852374／(04) 26831264
http://www.tc.org.tw/

金陵山圓滿教堂／台中縣霧峯鄉峯谷路900號
http://home.kimo.com.tw/oanboan/

浸信宣道會水頭山莊／545埔里鎮水頭里中正路71號／(049) 2925552／2926045／http://home.kimo.com.tw/bvbcamp/

南部及花東區

大津靈修營地／高雄縣大龜鄉大津村173號／(07) 6801141

墾丁伯利恆渡假中心／946屏東縣恆春鎮（墾丁）船帆路674號／(08) 885 1236
http://www.bethlehem.com.tw/

主牧安養中心／花蓮縣新城鄉北埔村北埔路13號／(038) 262021

基督教芥菜種會東部會議中心／花蓮縣新城鄉北埔村北埔路13號
(038) 260653

英國基督教退修場地

英國各地有一些本地的靈修組織，推動基督徒的屬靈操練，支援靈性上的指引和禱告。詳情可向退修聯會查詢。

The Retreat Association／地址：The Central Hall, 256 Bermondsey Street, London SEl 3UJ／電話：(020) 7357 7736／傳真：(020) 7357 7724／網頁：http://www.retreats.org.uk／電郵：info@retreats.org.uk

Association for Promoting Retreats／聯絡退修聯會辦公室的會員祕書(地址同上)

Baptist Union Retreat Group／地址：42 Coniston Road, Chippenham, Wiltshire SN14 0PX／聯絡人：Pamela Neville

Methodist Retreat Group／地址：7 Waterthorpe Glade, Westfield, Sheffield S20 8LX／聯絡人：Edward Smith

National Retreat Movement／聯絡退修聯會辦公室的會員祕書(地址同上)

Quaker Retreat Group／地址：Flat 30 Anthony Road, Wroughton, Swindon SN4 9HN

United Reformed Church Silence and Retreats Network／地址：19 Abbey Road, Sudbury, Suffolk CO10 lLA／聯絡人：Rev. David Bunney

Christian Life Community／地址：St Joseph's, Watford Way, London NW4 4TY

The Julian Meetings／地址：32 Alfred Street, Gloucester GLl 4DF

The Quiet Garden Trust／地址：Stoke Park Farm, Park Road, Stoke Poges, Bucks SL2 4PG

繼續深入研讀的書目

禱告與品格

Bruce Duncan, *Pray your Way: Your Personality and God,* Darton, Longman and Todd, 1994.（邁布二氏類型指標的導論）

Dr Charles J. Keating, *Who We Are Is How We Pray: Matching Personality and Spirituality,* Twenty-Third Publications, 1987.（同樣是建基於邁布二氏類型指標）

Angela Reith, *Who Am I?: Discovering Your Personality with the Enneagram,* Lion Publishing (Giftlines), 1999.

Don Richard Riso, *Personality Types: Using the Enneagram for Self-Discovery,* Aquarian, 1987.〔中文版：吳振能等譯：《性格型態：心理取向的九種人格分類》。台北：遠流，1994。〕

屬靈旅程

Francis Dewar, *Live for a Change,* Darton, Longman and Todd (2nd edition) 1999.

Margaret Guenther, *Holy Listening: The Art of Spiritual Direction,* Darton, Longman and Todd, 1992.〔中文版：《聆聽我心：靈修指導的藝術》。香港：道風山基督教叢林，2001。〕

Gerard W. Hughes, *God of Surprises,* Darton, Longman and Todd, 1985.（另有版本附錄音帶，可供小組之用）

Kenneth Leech, *Soul Friend: Spiritual Direction in the Modern World,* Darton, Longman and Todd, 1994.

David Londsdale SJ, *Dance to the Music of the Spirit: The Art of Discernment,* Darton, Longman and Todd, 1992.

Margaret Silf, *Landmarks: An Ignatian Journey* 和 *Wayfaring: A Gospel Journey into Life,* Darton, Longman and Todd, 1998 和 2001.

Ray Simpson, *Soul Friendship: Celtic Insights Into Spiritual Mentoring,* Hodder and Stoughton, 1999.

禱告

William A. Barry SJ, *God and You: Prayer as Personal Relationship,* Paulist Press, 1987.

William A. Barry SJ, *What Do I Want in Prayer?,* Paulist Press, 1994.

Catherine de Hueck Doherty, *Poustinia: Encountering God in Silence,* Solitude and Prayer, Madonna House Publishing, 2000.〔中文版：梁偉德譯：《靜隱之所》。台北：光啟，1994。〕

Meryl Doney, *The Art of Prayer: A Pathway to Spiritual Growth,* Lion Publishing (Giftlines), 1999.

Monica Furlong, *Contemplating Now,* Cowley Publications, 1971.

Thomas H. Green SJ, *Opening to God: A Guide to Prayer,* Ave Maria Press, 1977.〔中文版：林清華譯《向天主開放：祈禱的導引》。台北：上智，2001。〕

Kenneth Leech, *True Prayer: An Introduction to Christian Spirituality,* Sheldon Press, 1980.〔中文版：羅燕明譯：《真禱告：基督教靈修學入門》。香港：基道，2001。〕

Dennis Linn, Sheila Fabricant Linn, Matthew Linn, *Sleeping with Bread: Holding What Gives You Life,* Paulist Press, 1995.

Anthony de Mello, *Awareness,* Fount Paperbacks, 1990.

Margaret Silf, *Taste and See: Adventuring Into Prayer,* Darton, Longman and Todd, 1999.

退修

Thomas Hart, *Coming down the Mountain: How to Turn Your Retreat Into Everyday Living,* Paulist Press, 1988.

Andrew Nash, *Making a Retreat,* Methodist Retreat Group, 2000.

Gillian Russell, *Finding the Right Retreat for You,* Hunt and Thorpe, 1994.

Stafford Whiteaker, *The Good Retreat Guide,* Rider Books.

進行自我導引的退修

Thomas H. Green SJ, *A Vacation with the Lord: A Personal Directed Retreat,* Ave Maria Press, 1986.

Brother Ramon SSF, *Seven Days of Solitude: A Guidebook for a Personal Retreat,* Hodder and Stoughton, 2000.

Margaret Silf, *Sacred Spaces: Stations on a Celtic Way,* Lion Publishing, 2001. (按照凱爾特靈修傳統，適合用於七天或八天自我導引的退修)

此外，有幾套系列叢書可供使用，包括：

Companions for the Journey 的 *Praying with*⋯⋯叢書，由 St Mary's Press,

Minnesota 出版。這套叢書包括與基督教傳統大多數屬靈偉人一同禱告的書冊。

A Retreat with……叢書，由St Antony's Messenger Press, Ohio 出版。這系列的每卷書都以兩個屬靈偉人對話的方式，提供自我導引退修的材料。讀者被邀請參與其中的對話。

Fifteen Days of Prayer with……叢書，由Liguori, Missouri 出版。這套叢書的每一冊都包括了一個屬靈人物的傳記、建立祈禱和退修方式的指引，以及十五個祈禱階段的材料。

靈修著作精選 重整靈性生命，陶冶完善人格。

•盧雲系列•

羅馬城的小丑戲——對獨處、獨身、禱告及默觀之反省
盧雲著／袁達志譯　1990年12月初版　正32開128頁

心應心——真摯傾情的禱告
盧雲著／鄧紹光譯　1991年3月初版　正32開72頁

始於寧謐處——默想基督徒生命
盧雲著／洪麗婷譯　1991年6月初版　正32開96頁

親愛主，牽我手——認識禱告真義
盧雲著／徐麗娟譯　1991年10月初版　正32開120頁

奉耶穌的名——屬靈領導新紀元
盧雲著／李露明譯　1992年2月初版　正32開88頁

與祢同行——默想十架苦路
盧雲著／張小鳴譯　1992年4月初版　正32開128頁

鏡外——生死之間的省思
盧雲著／羅燕明譯　1992年5月初版　正32開72頁

新造的人——屬靈人的印記
盧雲著／莊柔玉譯　1992年8月初版　正32開88頁

生命中的耶穌——給年輕人的信
盧雲著／堵建偉譯　1993年3月初版　正32開152頁

愛中契合
盧雲著／霍玉蓮譯　1994年7月初版　正32開208頁

黎明路上——靈修日誌
盧雲著／羅燕明譯　1995年5月初版　正32開328頁

建立生命的職事
盧雲著／吳秋媚、黃偉明譯　1996年11月初版　正32開160頁

負傷的治療者——當代牧養事工的省思
盧雲著／張小鳴譯　1998年6月初版　正32開120頁

亞當——神的愛子
盧雲著／陳永財譯　1999年7月初版　正32開144頁

活出有愛的生命
盧雲著／新加坡基督教長老會真理堂譯　1999年10月初版　正32開112頁

盧雲眼中的梅頓
盧雲著／李興邦譯　1999年12月初版　正32開176頁

念——別了母親後
盧雲著／莊柔玉譯　2000年5月重譯版　正32開104頁

和平路上
盧雲著／陳永財譯　2002年6月初版　正32開368頁

安息日誌——秋之旅
盧雲著／莊柔玉譯　2002年7月初版　正32開152頁

安息日誌——冬之旅
盧雲著／黃東英譯　2003年1月初版　正32開208頁

安息日誌——春夏之旅
盧雲著／祈去譯　2003年7月初版　正32開304頁

尋找回家路——生命和靈命的導引
盧雲著／劉秀怡譯　2004年1月初版　正32開144頁

•蔡貴恆系列•

歸回安息
蔡貴恆著　1995年11月初版　大32開152頁

重遇基督(默想導引)
蔡貴恆著　1997年7月初版　大32開216頁

•操練系列•

經歷神——退修默想導引
王志學著　1993年2月初版　正16開216頁

主啊，請說——默想的探討與操練
荷桂特著／尹潤芳譯　1994年10月初版　正16開內文208頁彩頁12頁

聖地靈旅(一)——耶路撒冷
雷建華著　1996年9月初版　大32開內文96頁彩頁24頁

奇異恩典在中年
王志學著　1996年11月初版　正16開240頁

記憶治療——心靈治療的禱告
丹尼斯．林、馬修．林著／方林偉譯　1998年5月初版　大32開120頁

• 禱告良朋 •

聖法蘭西斯
司徒柏格、博赫爾編／湛清譯　1991年10月初版　大48開160頁

茱莉安
杜嘉編／湛清譯　1993年4月初版　大48開168頁

• 其他 •

憑著愛
德蘭修女著／王麗萍譯　1990年12月初版　大32開88頁

活著就是愛
德蘭修女著／王麗萍譯　1992年2月初版　大32開80頁

禱告真諦——尋找心靈真正歸宿
傅士德著／周天和譯　1993年7月初版　大32開368頁

靈程答客問
蔡貴恆、黎汝佳、葉萬壽著　1998年12月初版　大32開120頁

痕／迹
韓瑪紹著／莊柔玉譯　2000年7月初版　正32開408頁

我們眼中的盧雲
鄧紹光編　2000年7月初版　大32開208頁

當祂甘願被掛在木頭上
包衡、哈特著／陳永財譯　2000年10月初版　大32開208頁

真禱告——基督教靈修學入門
李卓著／羅燕明譯　2001年4月初版　大32開272頁

默觀的新苗
梅頓著／羅燕明譯　2002年12月初版　正32開296頁

荒漠的智慧——沙漠教父語錄觀照
野村湯史作畫及英譯／莊柔玉中譯　2003年1月初版　大32開160頁

挪移大山的禱告
卡拉遜、弗爾靈著／吳世芳譯　2004年3月初版　正32開388頁

師徒關係——屬靈路上拖與帶
奇夫・安德遜、蘭迪・利斯著／李興邦譯　2004年10月初版　大32開256頁

帶著愛上路——讓傷痛得以痊癒的默想小品
莎倫・達迪斯、仙蒂・羅傑斯編著／黃東英譯　2005年1月初版　正32開174頁

我以詩篇來禱告
梅頓著／蔡錦圖譯　　2005年4月初版　　正32開55頁

誠心所求——實踐禱告生活的指引
約翰・普禮查特著／胡燕青、何雋譯　　2005年5月初版　　正32開206頁